SOBRE O LIVRE-ARBÍTRIO

Livros do autor publicados pela **L&PM** EDITORES

Aforismos para a sabedoria de vida
A arte de escrever
Sobre a vontade na natureza
Sobre o livre-arbítrio

SCHOPENHAUER

SOBRE O LIVRE-ARBÍTRIO

Tradução e notas de RENATO ZWICK

www.lpm.com.br

L&PM POCKET

Coleção **L&PM** POCKET, vol. 1343

Texto de acordo com a nova ortografia.
Título original: *Die beiden Grundprobleme der Ethik. I. Ueber die Freiheit des menschlichen Willens*
Tradução baseada no vol. 3 das Obras Completas (*Sämtliche Werke*) de Arthur Schopenhauer editadas por Paul Deussen, München, Piper, 1912, p. 429-572 (texto principal) e 858-869 (notas do editor)

Primeira edição na Coleção **L&PM** POCKET: setembro de 2022
Esta reimpressão: fevereiro de 2024

Tradução de Renato Zwick
Capa: Ivan Pinheiro Machado
Preparação: Marianna Donner da Costa
Revisão: Patrícia Yurgel

CIP-Brasil. Catalogação na publicação
Sindicato Nacional dos Editores de Livros, RJ

S394d

Schopenhauer, Arthur, 1788-1860.
    Os dois problemas fundamentais da ética : I. sobre o livre-arbítrio / Arthur Schopenhauer ; tradução e notas Renato Zwick. – Porto Alegre [RS]: L&PM, 2024.
    224 p. ; 18 cm.   (Coleção L&PM POCKET; 1343)

    Tradução de: *Die beiden Grundprobleme der Ethik. I. Ueber die Freiheit des menschlichen Willens*
    ISBN 978-65-5666-266-4

    1. Filosofia alemã. 2. Livre-arbítrio e determinismo. I. Zwick, Renato. II. Título.

22-77723	CDD: 123.5
	CDU: 123.1

Gabriela Faray Ferreira Lopes – Bibliotecária – CRB-7/6643

© da tradução e notas, L&PM Editores, 2021

Todos os direitos desta edição reservados a L&PM Editores
Rua Comendador Coruja, 314, loja 9 – Floresta – 90.220-180
Porto Alegre – RS – Brasil / Fone: 51.3225.5777

Pedidos & Depto. comercial: vendas@lpm.com.br
Fale conosco: info@lpm.com.br
www.lpm.com.br

Impresso no Brasil no verão de 2024

Sumário

Nota sobre a tradução 7

Prefácio à primeira edição 11

Prefácio à segunda edição 55

Ensaio sobre o livre-arbítrio 61

I. Definições conceituais 63

II. A vontade diante da autoconsciência 79

III. A vontade diante da consciência das
outras coisas 98

IV. Predecessores 157

V. Conclusão e perspectiva mais elevada 205

Apêndice que complementa o primeiro
capítulo 218

NOTA SOBRE A TRADUÇÃO

Em abril de 1837, Schopenhauer soube através do periódico *Halle'sche Litteraturzeitung* que a Real Sociedade Norueguesa de Ciências organizara um concurso filosófico sobre a questão do livre-arbítrio. Esse foi o ensejo para a redação do ensaio *Ueber die Freiheit des menschlichen Willens* ("Sobre o livre-arbítrio humano"), premiado em 1839.

Enquanto ainda trabalhava nesse ensaio, Schopenhauer tomou conhecimento através do mesmo jornal de outro concurso relativo a um tema ético. Desta vez, era a Real Sociedade Dinamarquesa de Ciências que oferecia um prêmio para a melhor resposta à questão sobre onde buscar a fonte e o fundamento da moral. Schopenhauer intitulou seu ensaio *Ueber das Fundament der Moral* ("Sobre o fundamento da moral") e, embora tenha sido o único concorrente, seu trabalho não foi premiado.

Em 1841, o filósofo reuniu os dois textos num único volume intitulado *Die beiden Grundprobleme der Ethik* (*Os dois problemas fundamentais da ética*), por julgar que tais ensaios, conforme diz no alentado prefácio datado de 1840, "se complementam mutuamente formando um sistema das verdades fundamentais da ética".

Uma segunda edição, corrigida e ampliada, foi publicada em Leipzig pela editora Brockhaus no ano da morte do filósofo, 1860, acrescida de um segundo e mais breve prefácio.

Essa segunda edição foi reproduzida sem alterações no âmbito das *Sämtliche Werke* (Obras Completas) de Schopenhauer editadas e anotadas pelo professor de filosofia Paul Deussen (1845-1919), nas quais faz parte do terceiro volume (Munique: Piper, 1912).[1]

A presente tradução se baseia na edição de Deussen, abarcando os dois prefácios e o primeiro ensaio de *Os dois problemas fundamentais da ética*.

Os comentários de Deussen são reproduzidos nas notas de rodapé indicadas por "N.E."; notas adicionais minhas são indicadas por "N.T.". As notas do próprio autor são indicadas por "N.A.".

Renato Zwick

---

[1] Versão digitalizada disponível online em https://archive.org/details/smtlichewerke03scho.

Os dois problemas fundamentais da ética tratados em dois ensaios acadêmicos que concorreram a prêmio pelo Dr. Arthur Schopenhauer, membro da Real Sociedade Norueguesa de Ciências

I. Sobre o livre-arbítrio humano, *premiado* pela Real Sociedade Norueguesa de Ciências em Trondheim, em 26 de janeiro de 1839.

II. Sobre o fundamento da moral, *não* premiado pela Real Sociedade Dinamarquesa de Ciências em Copenhague, em 30 de janeiro de 1840.

Μεγάλη ἡ ἀλήθεια καὶ ὑπερισχύει.[2]

---

2. Grande é a verdade e prevalece. Septuaginta, Esdras 4, 41. (N.E.)

Prefácio à primeira edição

Nascidos de maneira independente entre si, por ensejo externo, estes dois ensaios não obstante se complementam mutuamente formando um sistema das verdades fundamentais da ética, no qual, espero, não se deixará de reconhecer um avanço dessa ciência, que goza seu dia de descanso já faz um meio século. Contudo, nenhum dos dois pôde referir-se ao outro e tampouco a meus textos anteriores, pois cada um foi escrito para uma academia diferente e o anonimato rigoroso é a condição conhecida nesse caso. Assim tampouco foi possível evitar que alguns pontos fossem tratados em ambos, visto que nada podia ser pressuposto e cabia começar sempre *ab ovo*.[3] Tais ensaios são, na verdade, exposições especiais de duas doutrinas que, quanto a seus rudimentos, encontram-se no quarto livro de *O mundo como vontade e representação*, mas aí elas foram derivadas de minha metafísica, ou seja, sinteticamente e *a priori*, e aqui, em compensação, onde, dado o tema, não se permitiam pressupostos, aparecem fundamentadas analiticamente e *a posteriori*: assim, o que lá estava em primeiro lugar, aqui

---

3. Desde o ovo, desde o princípio. Ver Horácio, *Sátiras*, I, 3, 6 e *Arte poética*, 147. (N.E.)

está em último. Porém, precisamente devido a esse começo a partir do ponto de vista comum a tudo, como também devido à exposição especial, ambas as doutrinas ganharam muito aqui em compreensibilidade, força persuasiva e desdobramento de sua significação. Por conseguinte, cabe considerar esses dois ensaios como complemento do quarto livro de minha obra capital, exatamente como meu escrito *Sobre a vontade na natureza* é um complemento bastante essencial e importante do segundo livro. Aliás, por mais heterogêneos que pareçam ser os temas do recém-mencionado texto e do presente, ainda assim há um nexo real entre eles, aquele texto chegando a ser de certa maneira a chave para o presente, e tão somente a percepção desse nexo remata a completa compreensão de ambos. Quando um dia tiver chegado o tempo em que serei lido, descobrir-se-á que minha filosofia é como a Tebas de cem portas: pode-se entrar nela de todos os lados e por cada um deles chegar por um caminho reto até o centro.

Ainda tenho de observar que o primeiro destes dois ensaios já encontrou seu lugar no último volume dos anais da Real Sociedade Norueguesa de Ciências publicados em Trondheim. Considerando a grande distância entre Trondheim e a Alemanha, essa academia me concedeu com a maior presteza e liberalidade a autorização, a ela solicitada, para realizar uma reimpressão destinada à Alemanha desse ensaio que concorreu a prêmio: razão pela qual manifesto-lhe aqui publicamente meus sinceros agradecimentos.

O segundo ensaio *não* foi premiado pela Real Sociedade Dinamarquesa de Ciências, embora não houvesse outro para competir com ele. Visto que essa sociedade publicou seu parecer sobre meu trabalho, estou autorizado a elucidá-lo e a apresentar uma réplica. O leitor encontrará esse parecer após o ensaio em questão e depreenderá dele que a Real Sociedade não encontrou absolutamente nada a louvar em meu trabalho, e sim apenas a censurar, e que essa censura consiste em três diferentes objeções, que agora examinarei uma a uma.

A primeira e principal censura, à qual as outras duas se juntam apenas acessoriamente, é a de que eu não teria compreendido a questão, supondo de modo errôneo que se pedia uma exposição do princípio da ética: a questão, ao contrário, teria sido na verdade e sobretudo a respeito do *nexo da metafísica com a ética*. Eu teria deixado inteiramente de expor esse nexo (*omisso enim eo, quod potissimum postulabatur*), afirma o parecer no *início*; contudo, esquece isso três linhas adiante e diz o contrário, a saber: eu o teria exposto (*principii ethicae et metaphysicae suae nexum exponit*), mas o teria apresentado como um apêndice e como algo em que eu fazia mais do que era pedido.

Quero deixar inteiramente de lado essa contradição do parecer: considero-a uma filha do embaraço em que foi redigido. Em contrapartida, rogo ao justo e instruído leitor que examine agora atentamente a *questão de concurso* colocada pela Academia Dinamarquesa juntamente com a *introdução* que a precede, tal como ambas, junto com minha tradução delas, antecedem o ensaio, e então decida *o que essa questão realmente pergunta*, se ela busca saber qual é o alicerce último, o princípio, o fundamento, a verdadeira e genuína fonte da ética – ou se busca saber qual é o nexo entre ética e metafísica. – Para facilitar as coisas ao leitor, quero examinar agora, analisando-as, a introdução e a questão, e ressaltar seu sentido da maneira mais clara. A *introdução* à questão nos diz que haveria uma ideia necessária de moralidade, ou um conceito primordial da lei moral, que se revelaria duplamente, a saber, por um lado na moral como ciência e, por outro lado, *na vida real*: nesta última, tal ideia se mostraria outra vez duplamente, a saber, em parte no juízo sobre nossas próprias ações, em parte naquele sobre as ações dos outros. A esse conceito originário de moralidade se ligariam outros, que sobre ele repousariam. Em tal introdução a Sociedade baseia sua questão, a saber: onde afinal caberia buscar *a fonte e o fundamento da moral*? Talvez numa ideia originária de moralidade que porventura exista factual e imediatamente na consciência ou na consciência moral? Essa ideia precisaria então ser analisada, como também os conceitos daí decorrentes; ou a moral teria outro fundamento cognitivo? – Em latim, quando despojada do não essencial e colocada numa formulação bem clara, a questão é portanto esta: *Ubinam sunt quaerenda* fons et fundamentum philosophiae moralis? *Suntne quaerenda in explicatione ideae moralitatis, quae conscientia immediate contineatur? an in alio cognoscendi principio?*[4] Esta última oração interrogativa indica da maneira mais clara que se pergunta sobretudo a respeito do *fundamento cognitivo da moral*. Além disso, quero agora ainda acrescentar uma exegese parafrástica da questão. A introdução parte de duas observações inteiramente *empíricas*: haveria de fato, afirma ela, uma *ciência da moral*; e seria igualmente um fato que *na vida real* se manifestam conceitos morais; a saber, em parte quando nós mesmos, em nossa consciência moral, julgamos moralmente acerca de nossas ações, em parte quando julgamos as ações dos outros sob o aspecto moral. Da mesma forma, estariam em vigência universal vários conceitos morais, por exemplo, dever, imputação etc. Em tudo isso, no entanto, se destacaria uma ideia originária de moralidade, um pensamento fundamental de uma lei moral, cuja necessidade, porém, seria peculiar e não meramente *lógica*: isto é, que não poderia ser demonstrada segundo o mero princípio da contradição a partir das ações a serem julgadas ou das máximas que lhes servem de base. Desse

---

4. Onde caberá buscar *a fonte e o fundamento da moral*? Caberá buscá-los na explicação da ideia de moralidade, que consiste numa consciência imediata? Ou em outro princípio cognitivo? (N.E.)

conceito moral primordial partiriam em seguida os restantes conceitos morais capitais e dele seriam dependentes, e, por isso, também dele inseparáveis. – Mas em que isso tudo repousaria? – eis o que seria um importante objeto de investigação. – Por isso a Sociedade coloca a seguinte tarefa: a *fonte, isto é, a origem da moral, o fundamento* dela, deve ser *buscado* (*quaerenda sunt*). Onde deverá ser buscado? Isto é, onde poderá ser encontrado? Porventura numa *ideia da moralidade* inata a nós, situada em nossa consciência ou consciência moral? Tal ideia, junto com os conceitos dela dependentes, precisaria então ser apenas analisada (*explicandis*). Ou caberia buscá-la em outro lugar? Isto é, teria talvez a moral, em sua fonte, um fundamento cognitivo de nossos deveres inteiramente diferente daquele recém-citado à maneira de sugestão e exemplo? – Este é o conteúdo da introdução e da questão, reproduzido de maneira mais pormenorizada e clara, porém fiel e exata.

Em vista disso, a quem ainda restará a menor dúvida de que a Real Sociedade pergunta sobre a *fonte*, a origem, o alicerce, o último fundamento cognitivo *da moral*? – Ora, mas a fonte e o alicerce da *moral* não podem absolutamente ser outros senão os da própria *moralidade*: pois o que é *moral* teórica e idealmente, é *moralidade* prática e realmente. Mas a fonte *desta* tem de ser necessariamente o fundamento último de toda boa conduta moral: por isso, é precisamente esse fundamento que a *moral*, por sua parte, tem de instaurar para nele se apoiar e a ele apelar em tudo aquilo que prescreve ao ser humano se porventura não quiser tirar suas prescrições ou inteiramente do ar ou fundamentá--las de maneira falsa. Cabe-lhe, portanto, demonstrar esse último fundamento de toda moralidade: pois, como edifício científico, ele é sua pedra fundamental, tal como a moralidade como práxis tem nele sua origem. Assim, a tarefa pergunta de modo inegável pelo *fundamentum philosophiae moralis*[5]: logo, é claro como o dia que a tarefa realmente pede que se busque e instaure *um princípio da ética*, "*ut principium aliquod Ethicae conderetur*", não no sentido de uma mera prescrição ou regra fundamental suprema, e sim de um *fundamento real de toda moralidade e, por isso, de um fundamento cognitivo da moral*. – No entanto, o parecer *nega* isso ao dizer que meu ensaio não poderia ser premiado porque supus que se tratava disso. Só que todo aquele que ler a tarefa irá e terá de supô-lo: pois está simplesmente aí, preto no branco, com palavras claras e inequívocas, não podendo ser negado enquanto as palavras da língua latina conservarem seu sentido.

Fui prolixo quanto a isso: mas o assunto é importante e notável. Pois a partir disso é claro e certo que *essa academia perguntou de modo evidente e incontestável o que ela nega haver perguntado*. – Em compensação, ela afirma haver perguntado algo diferente. A saber, afirma que o objeto principal da questão de concurso (apenas esta pode ser en-

---

5. Fundamento da filosofia moral. (N.T.)

tendida sob a expressão *ipsum thema*[6]) teria sido o *nexo entre metafísica e moral*. Queira o leitor agora verificar se é possível encontrar *uma palavra* sobre isso na questão de concurso ou na introdução: não há uma sílaba e tampouco qualquer alusão. Quem pergunta sobre a ligação entre duas ciências precisa afinal mencionar as duas: mas a metafísica não é mencionada nem na questão nem na introdução. De resto, toda essa oração principal do parecer se torna mais clara quando a tiramos da formulação invertida e a colocamos na formulação natural, na qual seu teor, usando exatamente as mesmas palavras, é o seguinte: *Ipsum thema ejusmodi disputationem flagitabat, in qua vel praecipuo loco metaphysicae et ethicae nexus consideraretur: sed scriptor, omisso eo, quod potissimum postulabatur, hoc expeti putavit, ut principium aliquod ethicae conderetur: itaque eam partem commentationis suae, in qua principii ethicae a se propositi et metaphysicae suae nexum exponit, appendicis loco habuit, in qua plus, quam postulatum esset, praestaret.*[7] A pergunta pelo nexo entre metafísica e moral também

---

6. O próprio tema. (N.T.)

7. O próprio tema exigira uma investigação tal em que se considerasse sobretudo o nexo entre a metafísica e a ética: mas o autor, ao omitir o que se exigia acima de tudo, acreditou que se tratava de instaurar algum princípio da ética: por isso, apresentou a parte de seu ensaio em que expõe o nexo entre o princípio ético por ele proposto e sua metafísica apenas num apêndice, no qual oferece mais do que era pedido. (N.T.)

não se encontra de forma alguma no ponto de vista do qual parte a *introdução* da questão: pois esta começa com observações *empíricas*, refere-se aos julgamentos morais que ocorrem *na vida comum* etc., em seguida pergunta no que tudo isso afinal repousaria e por fim sugere, como exemplo de uma possível solução, uma ideia inata de moralidade, situada na consciência, admitindo portanto em seu exemplo, a título de experimento e de modo problemático, um mero *fato psicológico* e não um teorema metafísico como solução. Mas assim ela dá claramente a entender que pede a fundamentação da moral por meio de algum *fato*, seja da consciência ou do mundo externo, não esperando vê-la derivada dos sonhos de alguma metafísica: por isso, a Academia poderia rejeitar com pleno direito um ensaio que resolvesse a questão dessa maneira. Que se pondere bem a respeito. Porém, a isso ainda se acrescenta o fato de a questão supostamente colocada sobre o *nexo da metafísica com a moral*, e que no entanto não pode ser encontrada em parte alguma, ser uma questão inteiramente irrespondível, e, por conseguinte, se julgarmos que a Academia tem algum discernimento, uma questão *impossível*: *irrespondível* porque simplesmente não existe qualquer *metafísica como tal*, e sim apenas distintas (e, na verdade, extremamente distintas) *metafísicas*, isto é, toda sorte de tentativas de fazer metafísica, e em número considerável, ou seja, tantas quantos foram os filósofos que alguma vez existiram, cada um dos quais, por isso, canta uma canção inteiramente diferente, canções que diferem e dissentem de maneira radical. Por conseguinte, sem dúvida se poderia perguntar pelo nexo entre a metafísica aristotélica, a epicurista, a espinosista, a leibniziana, a lockiana, ou alguma outra especificamente indicada, e a ética, porém jamais pelo nexo entre a *metafísica como tal e a ética*: pois essa questão não teria qualquer sentido determinado, visto que exige a relação entre uma coisa dada e uma coisa inteiramente indeterminada, talvez até impossível. Pois enquanto não existir nenhuma metafísica reconhecida como objetivamente verdadeira e inegável, ou seja, uma *metafísica como tal*, sequer sabemos se uma tal metafísica é mesmo possível, nem o que ela será e pode ser. Se entretanto se quisesse exigir que mesmo assim tivéssemos um conceito bastante universal, isto é, certamente indefinido, da *metafísica em geral*, em vista do qual se pudesse perguntar pelo nexo geral entre essa metafísica *in abstracto* e a ética, tal coisa poderia ser admitida: no entanto, a resposta à questão tomada nesse sentido seria tão fácil e simples que seria ridículo propor um prêmio acerca dela. Pois tal resposta não poderia dizer outra coisa senão que uma verdadeira e completa metafísica também teria de oferecer à ética seu firme apoio, suas razões últimas. Além disso, esse pensamento se encontra desenvolvido logo no primeiro parágrafo de meu ensaio, onde, entre as dificuldades da presente questão, indico especialmente *aquela* de que tal questão, segundo sua natureza, exclui a fundamentação da ética por alguma metafísica dada da qual alguém partisse e sobre a qual pudesse se apoiar.

Assim, demonstrei acima de maneira incontestável que a Real Sociedade Dinamarquesa realmente perguntou aquilo que nega ter perguntado; em compensação, que *não* perguntou aquilo que afirma ter perguntado, nem sequer poderia perguntá-lo. Esse proceder da Real Sociedade Dinamarquesa certamente não seria correto segundo o princípio moral por mim estabelecido: mas como ela não admite meu princípio moral, provavelmente terá algum outro segundo o qual isso seja correto.

Porém, quanto àquilo que a Academia Dinamarquesa *realmente* perguntou, respondi-o de modo preciso. Em primeiro lugar, demonstrei numa parte *negativa* que o princípio da ética não se encontra ali onde, há sessenta anos, se aceita que esteja asseguradamente comprovado. Em seguida, na parte *positiva*, revelei a genuína fonte das ações moralmente louváveis, e realmente *provei* que é essa e não poderia ser nenhuma outra. Por fim, mostrei a relação em que esse fundamento ético real se encontra, não com *minha* metafísica – conforme o parecer falsamente declara, tampouco com alguma metafísica determinada –, e sim com um pensamento fundamental universal que é comum a muitos sistemas metafísicos, talvez à maioria, sem dúvida aos mais antigos e, segundo minha opinião, aos mais verdadeiros. Não apresentei essa exposição metafísica como um apêndice, conforme diz o parecer, e sim como o último capítulo do ensaio: é a pedra final do todo, uma consideração de tipo superior na qual este culmina. O fato de ter dito que aí eu fazia mais do que a tarefa propriamente pedia provém do fato de esta não aludir com palavra alguma a uma explicação metafísica, muito menos, como afirma o parecer, estar dirigida de modo bem particular a uma tal explicação. De resto, é secundário, e até indiferente, saber se essa discussão metafísica é ou não um suplemento, isto é, algo em que faço mais do que o exigido: basta que ela aí esteja. No entanto, o fato de que o parecer queira fazer *isso* valer contra mim dá testemunho de seu embaraço: ele recorre a tudo apenas para apresentar algo contra meu trabalho. De resto, conforme a natureza do tema, essa consideração metafísica tinha de constituir a conclusão do ensaio. Pois se tivesse sido colocada no início, o princípio da ética teria de ser derivado dela *sinteticamente*, o que só teria sido possível se a Academia tivesse dito a partir de qual das muitas, tão extremamente distintas metafísicas queria ver derivado um princípio ético: mas então a verdade de tal princípio permaneceria dependente em seu todo da metafísica pressuposta, ou seja, permaneceria problemática. Por conseguinte, a natureza da questão tornou necessária uma fundamentação *analítica* do princípio moral primordial, isto é, uma fundamentação que, sem pressupor alguma metafísica, fosse haurida da realidade das coisas. Justo porque, em época recente, esse caminho foi reconhecido universalmente como o único seguro é que Kant, como também os moralistas ingleses que o precederam, se esforçaram em fundamentar o princípio moral por via analítica, sem depender de qualquer pressuposto metafísico. Afastar-se disso seria um evidente retrocesso. Se, no entanto, a Academia o tivesse pedido, deveria pelo menos tê-lo expresso da maneira mais definida: mas em sua questão não há sequer uma alusão a isso.

Aliás, como a Academia Dinamarquesa silenciou generosamente sobre o defeito fundamental de meu trabalho, irei guardar-me de revelá-lo. Receio apenas que isso nada nos ajudará, pois prevejo que o faro do leitor do ensaio por fim descobrirá a nódoa podre. Quando muito, poderia desorientá-lo o fato de meu ensaio norueguês padecer do mesmo defeito fundamental pelo menos com a mesma intensidade. No entanto, a Real Sociedade Norueguesa não deixou por isso de premiar meu trabalho. Pertencer a essa Academia é também uma honra, cujo valor aprendo a reconhecer mais clara e a medir mais completamente a cada dia. Pois, como academia, ela não conhece outro interesse senão o da verdade, da luz, do incentivo ao discernimento e aos conhecimentos do ser humano. Uma academia não é um tribunal de fé. Porém, antes de definir como questões de concurso questões tão elevadas, sérias e delicadas como as duas presentes, cada uma delas por certo tem de combinar e determinar consigo mesma se também está realmente disposta a aderir de modo público à verdade, qualquer que seja seu teor (pois isso ela não pode saber de antemão). Porque depois de se receber uma resposta séria a uma pergunta séria já não é mais hora de retirá-la. E uma vez que o convidado de pedra tenha sido chamado, mesmo Don Juan, à sua chegada, é *gentleman* demais a ponto de renegar seu convite. Essa dificuldade é sem dúvida a razão pela qual as academias da Europa via de regra se resguardam bem de colocar questões desse tipo: as duas questões presentes são realmente as primeiras de que me recordo ter visto, motivo pelo qual, *pour la rareté du fait*[8], empreendi sua resposta. Pois embora me tenha ficado claro há muito tempo que levo a filosofia demasiado a sério para que pudesse ter me tornado um professor dessa disciplina, ainda assim não acreditei que o mesmo defeito pudesse ser-me um obstáculo numa academia.

A segunda censura da Real Sociedade Dinamarquesa é esta: *scriptor neque ipsa disserendi forma nobis satisfecit.*[9] Não há nada a dizer contra isso: é o parecer subjetivo da Real Sociedade Dinamarquesa[10], para cuja elucidação publico meu trabalho,

---

8. Devido à raridade do fato. (N.T.)

9. O autor não nos satisfez quanto à forma. (N.T.)

10. "Dizem eles: isso não me causa impressão! / E julgam liquidada a questão." Goethe [*Gedichte*, "Sprichwörtlich" (*Poemas*, "Provérbios"), Edição de Weimar, vol. II, p. 231 (N.E.)]. Acréscimo da segunda edição. (N.A.)

acrescentando-lhe o parecer para que não se perca, mas fique conservado

ἔστ' ἄν ὕδωρ τε ῥέῃ, καὶ δένδρεα μακρὰ
 τεθήλῃ,
ἠελιός τ' ἀνιὼν φαίνῃ, λαμπρή τε σελήνη,
καὶ ποταμοὶ πλήθωσιν, ἀνακλύζῃ δὲ
 θάλασσα, –
ἀγγελέω παριοῦσι, Μίδας ὅτι τῇδε τέθαπται.[11]

(*Dum fluit unda levis, sublimis nascitur arbor,*
Dum sol exoriens et splendida luna relucet,
Dum fluvii labuntur, inundant littora fluctus,
Usque Midam viatori narro hic esse sepultum.)[12]

Observo a propósito que ofereço aqui o ensaio tal como o enviei, isto é, nada risquei nem modifiquei: no entanto, os poucos, breves e não essenciais acréscimos que adicionei após o envio são indicados por uma cruz no início e no fim de cada um deles para prevenir todas as objeções e escusas.[13]

---

11. O último verso havia sido omitido na primeira edição, sob o pressuposto de que o leitor o completasse. (N.A.)

12. Enquanto fluir a água e crescerem grandes árvores, / Enquanto o sol nascer e brilhar, enquanto a lua reluzir / E os rios conservarem sua água e os mares seu marulho, / Direi ao caminhante que Midas aqui está sepultado. Ver Platão, *Fedro*, p. 264D. (N.E.)

13. Isso vale apenas para a primeira edição: na atual, as cruzes foram omitidas, pois têm algo de importuno, ainda mais que agora juntei inúmeros novos acréscimos. Por isso, quem quiser conhecer o ensaio na (cont.)

O parecer acrescenta ao trecho supracitado: *neque reapse hoc fundamentum sufficere evicit*.[14] Contra isso, apelo ao fato de que *demonstrei* real e seriamente minha fundamentação da moral, com um rigor que se aproxima do matemático. Isso não tem precedentes na *moral*, e só se tornou possível porque eu, penetrando na natureza da vontade humana mais profundamente do que até agora se fizera, trouxe à luz do dia e expus os três últimos móveis dela, dos quais se originam todas as suas ações.

Porém, no parecer ainda consta: *quin ipse contra esse confiteri coactus est*.[15] Se isso quer dizer que eu mesmo declarei insuficiente minha fundamentação da moral, então o leitor verá que não há traço disso e que algo assim não me ocorreu. Porém, se com essa frase se quisesse talvez aludir ao fato de eu ter dito num trecho que não cabe derivar a repreensibilidade dos pecados antinaturais da luxúria do mesmo princípio que as virtudes da justiça e do amor ao próximo, isso significaria fazer muito de pouco e seria apenas uma prova reiterada de como se recorreu a tudo para rejeitar meu trabalho. Depois, como conclusão e despedida, a Real Sociedade Dinamarquesa ainda me faz uma dura repreensão,

---

(cont.) forma exata em que foi enviado à Academia precisará recorrer à primeira edição. (N.A.)

14. Tampouco demonstrou que esse fundamento fosse suficiente. (N.T.)

15. Antes vendo-se forçado a admitir inclusive o contrário. (N.T.)

para a qual, mesmo que seu conteúdo fosse fundamentado, não lhe reconheço o direito. Servi-la-ei portanto nesse assunto. A repreensão é a seguinte: *plures recentioris aetatis* summos philosophos *tam indecenter commemorari, ut justam et gravem offensionem habeat.*[16] Esses *summi philosophi* são, mais exatamente... Fichte e Hegel! Pois apenas sobre eles me manifestei com expressões fortes e duras, logo, de uma maneira que a frase da Academia Dinamarquesa possivelmente poderia encontrar uso: e a censura aí manifestada seria, em si mesma, até justa se essa gente fosse *summi philosophi*. Esse é o único ponto que importa aqui.

No que se refere a Fichte, apenas se encontra repetido e desenvolvido no ensaio o juízo que sobre ele pronunciei em minha obra capital já faz 22 anos. Até onde tal juízo entrou em discussão aqui, justifiquei-o através de um parágrafo detalhado expressamente dedicado a Fichte, do qual se deduz de modo satisfatório o quanto ele estava longe de ser um *summus philosophus*: ainda assim, como um "homem de talento", coloquei-o muito acima de Hegel. Apenas sobre este pronunciei, sem comentário, meu desqualificado juízo condenatório com as expressões mais resolutas. Pois falta-lhe, segundo minha convicção, não apenas todo mérito em relação à filosofia, mas ele exerceu sobre ela, e assim

---

16. Muitos *sumos filósofos* de tempos recentes são mencionados de modo tão indecente que isso causa justa e grave ofensa. (N.T.)

sobre a literatura alemã em geral, uma influência extremamente perniciosa, realmente estupidificante, dir-se-ia pestilencial, cujo combate mais enfático em cada ocasião, por isso, é o dever de toda pessoa capaz de pensar e julgar por conta própria. Pois se silenciarmos, quem falará então? A censura que me foi feita na conclusão do parecer refere-se portanto, além de Fichte, a Hegel; visto que ele foi o mais gravemente atingido, é sobretudo dele que se trata quando a Real Sociedade Dinamarquesa fala de *recentioris aetatis summis philosophis*[17], frente a quem, indecentemente, deixei faltar o devido respeito. Ela declara portanto de modo público, do alto do mesmo tribunal do qual rejeita trabalhos como o meu com desqualificada censura, que esse Hegel é um *summus philosophus*.

Se uma aliança de jornalistas mancomunados para a glorificação do ruim, se professores pagos da hegelice e famélicos docentes privados[18] que almejam ser como os primeiros proclamam incansavelmente e com descaramento sem igual a todos os quatro ventos que aquela cabeça bastante ordinária mas extraordinário charlatão é o maior filósofo que o mundo jamais possuiu, isso não vale qualquer consideração séria, tanto mais que a intenção tosca desse miserável alvoroço deve afinal ficar evidente mesmo aos pouco exercitados. Porém, quando se

---

17. Sumos filósofos de época recente. (N.T.)

18. *Privatdozent*: professor que não tem cargo público a serviço do Estado. (N.T.)

chega ao ponto de que uma academia estrangeira queira tomar aquele filosofastro sob sua proteção como um *summus philosophus*, permitindo-se até desdenhar o homem que, honesta e destemidamente, se opõe à glória falsa, ilícita, comprada e mendaz com *aquele* afinco que, só ele, é apropriado ao insolente louvor e impingidela do falso, ruim e arruinador da cabeça, então a coisa fica séria: pois um parecer tão acreditado poderia levar os inscientes a grande e danoso erro. Este precisa, por isso, ser *neutralizado*: e, como não tenho a autoridade de uma academia, isso tem de acontecer por meio de razões e provas. Quero portanto apresentá-las agora tão clara e compreensivelmente que sirvam, espero, para recomendar no futuro à Academia Dinamarquesa o conselho horaciano:

Qualem commendes, etiam atque etiam adspice, ne mox
Incutiant aliena tibi peccata pudorem.[19]

Se, então, afirmar para este fim que a chamada filosofia desse Hegel é uma colossal mistificação que ainda fornecerá à posteridade um tema inesgotável de zombaria sobre nossa época, uma pseudofilosofia paralisadora de todas as forças do espírito, sufocadora de todo pensamento real e que, mediante o

---

19. Examine repetidas vezes a quem quiseres recomendar para que / Não precises enrubescer pelos pecados alheios. Horácio, *Epístolas*, I, 18, 76. (N.E.)

mais sacrílego abuso da linguagem, coloca em seu lugar o mais oco, o mais vazio de sentido, o mais carente de pensamento, portanto, como comprova o resultado, o mais estupidificante palavrório, uma pseudofilosofia que, tendo por cerne uma ideia absurda e tirada do ar, carece tanto de fundamentos quanto de consequências, isto é, não é provada por nada, nem prova ou explica ela própria coisa alguma e, além disso, carecendo de originalidade, é uma mera paródia do realismo escolástico e, ao mesmo tempo, do espinosismo, um monstro que, atrás, ainda pretende representar o cristianismo, ou seja,

πρόσθ ελέων, ὄπιθεν δὲ δράκων, μέσση
δὲ χίμαιρα[20]
(*ora leonis erant, venter capra, cauda draconis*),

então eu teria razão. Se, além disso, dissesse que esse *summus philosophus* da Academia Dinamarquesa garatujou absurdos como nenhum mortal antes dele, de modo que quem fosse capaz de ler sua mais louvada obra, a chamada *Fenomenologia do espírito*[21], sem lhe parecer que está num hospício mereceria

---

20. Leão na frente, serpente atrás, no meio cabra. Ver *Ilíada*, VI, 181, onde se descreve a quimera. (N.T.)

21. Chama-se na verdade *System der Wissenschaft* [Sistema da ciência], Bamberg, 1807. É preciso lê-la nessa edição original, visto que nas *operibus omnibus* [obras completas] deve ter sido um tanto alisada à custa de lambidas pelo assecla que a editou. (N.A.)

ser nele internado, eu não teria menos razão. Só que então eu deixaria à Academia Dinamarquesa a saída de dizer que as elevadas doutrinas daquela sabedoria não seriam acessíveis a inteligências inferiores como a minha e que aquilo que me parece uma absurdidade seria uma insondável profundidade. Tenho então por certo de buscar um firme ponto de apoio que não possa resvalar e encurralar o adversário num canto onde não haja porta dos fundos à disposição. Por conseguinte, provarei agora de maneira irrefutável que a esse *summo philosopho* da Academia Dinamarquesa faltou inclusive o elementar senso comum, por mais elementar que seja. No entanto, que também sem este se possa ser um *summus philosophus* é uma tese que a Academia não estabelecerá. Mas irei demonstrar essa carência por meio de *três* diferentes exemplos. E irei tomá-los *daquele* livro em que ele mais deveria ter pensado, se concentrado e refletido no que escrevia, a saber, de seu compêndio para estudantes intitulado *Enciclopédia das ciências filosóficas*, livro que um hegeliano chamou de bíblia dos hegelianos.

Nesse livro, pois, no capítulo "Física", seção 293 (segunda edição, de 1827), ele trata do peso específico[22], que ele chama de *specifische Schwere*, e contesta a hipótese de que este repouse na diferença de porosidade por meio do seguinte argumento: "Um exemplo do especificar *existente* do

---

22. Em alemão, *specifisches Gewicht*. Já o termo *Schwere* pode significar tanto "peso" quanto "gravidade". (N.T.)

peso[23] é o fenômeno de que uma barra de ferro que paira em equilíbrio sobre seu ponto de apoio perde esse equilíbrio quando *magnetizada* e então se mostra mais pesada num polo do que no outro. Aqui, uma das partes se torna tão infectada que, sem modificar seu volume, se torna mais pesada; a matéria, cuja massa não foi aumentada, tornou-se assim *especificamente* mais pesada". – Nesse caso, pois, o *summus philosophus* da Academia Dinamarquesa faz a seguinte dedução: "Se uma barra apoiada em seu centro de gravidade posteriormente se torna mais pesada de um lado, ela se inclina para esse lado: e uma barra de ferro, depois de magnetizada, inclina-se para um lado: logo, ela se tornou aí mais pesada". Uma digna analogia à dedução: "Todos os gansos têm duas pernas; tu tens duas pernas; logo, tu és um ganso". Pois, colocado em forma categórica, o silogismo hegeliano seria: "Tudo o que se torna mais pesado de um lado se inclina para o lado; esta barra magnetizada se inclina para um lado; logo, ela se tornou aí mais pesada". Essa é a silogística desse *summi philosophi* e reformador da lógica, a quem infelizmente se esqueceu de ensinar que *e meris affirmativis in secunda figura nihil sequitur*.[24] Mas, falando a sério, é a lógica *inata* que torna tais deduções impossíveis a todo entendimento são e reto, e cuja ausência é designada pela expressão *falta*

---

23. *Schwere*. (N.T.)

24. De meras afirmativas na segunda figura não é possível extrair uma conclusão. (N.E.)

de entendimento. Não é preciso discutir o quanto um compêndio que contém argumentações desse gênero e fala do aumento de peso dos corpos sem aumento de sua massa é apropriado para torcer e retorcer o reto entendimento dos jovens. – Este foi o primeiro ponto.

O segundo exemplo de carência de elementar senso comum no *summo philosopho* da Academia Dinamarquesa é documentado pela seção 269 da mesma obra capital e pedagógica nesta proposição: "Em primeiro lugar, a gravitação contradiz diretamente a lei da inércia, pois graças àquela a matéria tende *por si mesma* à outra matéria". – Como?! Não compreender que o fato de um corpo ser *atraído* por outro contraria tão pouco a lei da inércia quanto o fato de ser *repelido* por ele?! Num caso como no outro, é afinal a intervenção de uma causa externa que suprime ou modifica o repouso ou o movimento até então existentes, e de tal modo que, tanto na atração quanto na repulsão, ação e reação se equivalem. – E escrever tal tolice com tamanho atrevimento! E isso num livro pedagógico para estudantes, que assim são inteiramente confundidos, e talvez para sempre, quanto aos primeiros conceitos fundamentais das ciências da natureza, que não devem permanecer estranhos a nenhum erudito. Sem dúvida, quanto mais imerecida a glória, mais atrevida ela torna a pessoa. – A quem seja capaz de pensar (o que não era o caso de nosso *summi philosophi*, que apenas tinha "o pensamento" sempre na boca tal como as estalagens têm nas tabuletas o príncipe que jamais nelas se hospeda), não é mais explicável que um corpo repila outro do que o atraia, visto que tanto na base de um caso quanto do outro há forças naturais inexplicadas, tais como as pressupostas por toda explicação causal. Caso se queira portanto dizer que um corpo atraído por outro graças à gravitação tende a este "por si mesmo", então também se precisa dizer que o corpo repelido foge "por si mesmo" do corpo repelidor e, num caso como no outro, ver abolida a lei da inércia. A lei da inércia decorre diretamente da da causalidade, é inclusive, na verdade, apenas seu reverso: "toda modificação é produzida por uma causa", diz a lei da causalidade: "onde não intervém uma causa, não ocorre qualquer mudança", diz a lei da inércia. Por isso, um fato que contradissesse a lei da inércia também contradiria terminantemente a da causalidade, isto é, o que é certo *a priori*, e nos mostraria um efeito sem causa: cuja aceitação é o cerne de toda *falta de entendimento*. – Este foi o segundo ponto.

A terceira prova da recém-mencionada faculdade inata é dada pelo *summus philosophus* da Academia Dinamarquesa na seção 298 da mesma obra-prima, onde, polemizando contra a explicação da elasticidade através de poros, ele afirma: "Quando, é verdade, usualmente se admite *in abstracto* que a matéria é perecível, não absoluta, surgem resistências a isso na aplicação (...), de maneira que de fato se supõe a matéria como *absoluta-independente, eterna*. Esse erro é introduzido pelo erro geral do entendimento de que etc.". – Que imbecil alguma vez admitiu que a *matéria* fosse *perecível*? E quem chama o contrário de erro? – O fato de a matéria *persistir*, isto é, de não surgir e perecer como todas as outras coisas, mas, indestrutível e incriada, ser e permanecer por todos os tempos, donde sua quantidade não poder ser aumentada nem diminuída, esse é um conhecimento *a priori* tão firme e seguro quanto qualquer conhecimento matemático. Sequer imaginar um surgir e um perecer de matéria nos é simplesmente impossível: pois a forma de nosso entendimento não o admite. Negar isso, declarar que é um erro, significa portanto renunciar de modo terminante a todo entendimento. – Este foi, portanto, o terceiro ponto. – Mesmo o predicado *absoluto* pode ser aposto com pleno direito à matéria, pois significa que sua existência está inteiramente fora do âmbito da causalidade e não entra na interminável cadeia de causas e efeitos que apenas diz respeito e liga entre si seus acidentes, estados e formas: apenas a estes, às *modificações* que acontecem *com* a matéria, estende-se a lei da causalidade com seu surgir e perecer, não à matéria. Esse predicado, *absoluto*, tem inclusive na matéria sua única prova que lhe confere realidade e o torna admissível; fora disso, seria um predicado para o qual não há absolutamente nenhum sujeito, portanto, um conceito tirado do ar, não realizável por nada,

nada mais que uma bola bem inflada dos filósofos de brincadeira. – De passagem, a declaração acima desse Hegel revela de modo bastante ingênuo a que filosofia de velhotas e de roca estava no fundo infantilmente afeiçoado, em seu coração, um filósofo tão sublime, hipertranscendente, acrobático e insondavelmente profundo, e que proposições jamais lhe ocorreu colocar em questão.

Portanto, o *summus philosophus* da Academia Dinamarquesa ensina expressamente: que corpos podem ficar mais pesados sem aumento de sua massa e que esse é particularmente o caso de uma barra de ferro magnetizada; do mesmo modo, que a gravidade contradiz a lei da inércia e, por fim, também que a matéria é perecível. Esses três exemplos por certo bastarão para mostrar o que aparece distintamente assim que há uma abertura no grosso manto do absurdo galimatias, que escarnece de toda razão humana, envolto no qual o *summus philosophus* costuma desfilar por aí e impressionar a plebe do espírito. Diz-se: *ex ungue leonem*[25]: mas, *decenter* ou *indecenter*[26], tenho de dizer: *ex aure asinum.*[27] – De resto, a partir dos três *speciminibus philosophiae Hegelianae*[28] aqui apresentados, o justo e

---

25. Pela pata se conhece o leão. Segundo o poeta lírico grego Alceu (século VII a.C.), citado por Plutarco, *De defectu oraculorum*, capítulo 3, página 410 C. (N.E.)

26. Decente ou indecentemente. (N.T.)

27. Pelas orelhas se conhece o asno. (N.E.)

28. Exemplos de filosofia hegeliana. (N.T.)

imparcial poderá agora julgar quem propriamente *indecenter commemoravit*[29]: aquele que, sem cerimônias, chamou de charlatão semelhante professor de absurdidades, ou aquele que, *ex cathedra academica*[30], decretou que ele é um *summus philosophus*?

Ainda tenho a acrescentar que, de uma tão abundante seleção de absurdidades de todo tipo como as oferecidas pelas obras do *summi philosophi*, dei a preferência às três recém-apresentadas porque em seu objeto, por um lado, não se trata de problemas filosóficos difíceis, talvez insolúveis, que, por conseguinte, admitem uma variedade de perspectivas; e, por outro lado, não se trata de verdades físicas especiais que pressupõem conhecimentos empíricos mais exatos, mas se trata aqui de conhecimentos *a priori*, isto é, de problemas que cada um pode resolver pela mera reflexão: precisamente por isso, um juízo errôneo em coisas desse tipo é um indício decisivo e inegável de uma falta de entendimento bastante incomum, mas a atrevida apresentação de tais doutrinas absurdas num compêndio para estudantes nos permite ver que insolência se apodera de uma cabeça vulgar quando se proclama que é um grande espírito. Por isso, fazer tal coisa é um meio que fim algum pode justificar. Aos três *speciminibus in physicis*[31] aqui apresentados juntemos um trecho da seção 98 da mesma obra-prima

---

29. Mencionou indecentemente. (N.T.)

30. Do alto da cátedra acadêmica. (N.T.)

31. Exemplos de física. (N.T.)

que começa dizendo "quando, além disso, à força repulsora" – e vejamos com que infinita excelência esse pecador olha de cima para a atração universal de Newton e para os princípios metafísicos da ciência natural de Kant. Quem tiver paciência, leia ainda da seção 40 à 62, onde o *summus philosophus* oferece uma apresentação distorcida da filosofia kantiana, e então, incapaz de avaliar a grandeza dos méritos de Kant, e também colocado baixo demais pela natureza para que pudesse se alegrar com a aparição tão indizivelmente rara de um espírito verdadeiramente grande, em vez disso, de modo nobre, das alturas de uma autoconfiante e infinita superioridade, olha de cima para esse grande, grande homem como se fosse alguém que ele abarca cem vezes e em cujos fracos e escolares ensaios ele indica com frio desdém, meio irônica, meio compassivamente, os erros e equívocos para instrução de seus pupilos. A seção 254 também entra aí. Esses ares de nobreza frente a méritos genuínos são sem dúvida um conhecido truque de todos os charlatães a pé e a cavalo, porém dificilmente deixam de produzir resultado com os parvos. Precisamente por isso, junto à escrevinhação de absurdos, os ares de nobreza também foram a principal artimanha desse charlatão, de modo que em todas as ocasiões ele olha de modo nobre, fastidioso, desdenhoso e escarnecedor do alto de seu edifício de palavras não meramente para filosofemas alheios, mas também para cada ciência e seu método, para tudo o que o espírito humano conquistou no decorrer dos séculos mediante perspicácia, esforço e diligência, e assim realmente também despertou no público alemão uma elevada opinião da sabedoria trancafiada em seu abracadabra, um público que pensa:

> Cara de orgulho e desgosto eles têm:
> De casa nobre me parece que provêm.[32]

Julgar por seus próprios meios é privilégio de poucos: os demais são guiados pela autoridade e pelo exemplo. Veem com olhos alheios e ouvem com ouvidos alheios. Por isso, é muito fácil pensar como agora todo mundo pensa, mas pensar como todo mundo pensará daqui a trinta anos não é coisa para qualquer um. Quem, portanto, acostumado à *estime sur parole*[33], aceitar *a crédito* a respeitabilidade de um escritor e, posteriormente, também quiser fazê-la valer junto a outras pessoas, pode facilmente cair na situação daquele que descontou uma letra de câmbio falsa e, quando esperava vê-la liquidada, recebe-a de volta com áspero protesto, necessitando dar-se a lição de, numa próxima vez, examinar melhor a firma do sacador e a dos endossantes. Eu teria de renegar minha sincera convicção se não supusesse que sobre o título honorífico de um *summi*

---

32. Goethe, *Fausto I*, versos 2178 e 2177 (Schopenhauer inverte a ordem original dos versos). (N.E.)

33. Estima baseada na palavra. Ver Helvétius, *De L'Esprit* [Do espírito], II, 4. (N.E.)

philosophi, que a Academia Dinamarquesa usou com relação àquele arruinador de papel, tempo e cabeças, tiveram influência preponderante a gritaria de louvor organizada artificialmente na Alemanha a propósito dele e o grande número de seus partidários. Por isso, parece-me oportuno recordar à Real Sociedade Dinamarquesa a bela passagem com que um verdadeiro *summus philosophus*, Locke (a quem honra o fato de ser chamado por Fichte de o pior de todos os filósofos), conclui o penúltimo capítulo de sua famosa obra-prima, e que quero reproduzir aqui em alemão para benefício do leitor da Alemanha:

"Mas, não obstante o grande barulho que se faz no mundo acerca de erros e opiniões, preciso fazer à humanidade a justiça de dizer que *não há tantos homens enredados em erros e falsas opiniões como comumente se supõe*. Não que eu pense que reconheçam a verdade, mas porque de fato não têm absolutamente qualquer pensamento, qualquer opinião quanto àquelas doutrinas pelas quais tanto se agitam. Pois se alguém catequizasse um pouco a maior parte dos partidários da maioria das seitas do mundo, não descobriria que têm opiniões próprias em relação às coisas pelas quais são tão zelosos: e menos ainda teria razão para pensar que as adotaram com base no exame dos argumentos e na aparência de verossimilhança. Estão resolvidos a aderir a um partido para o qual a educação ou o interesse os conquistaram, e nele, tal como os soldados rasos de um exército, mostram sua coragem e ardor conforme o comando de seus líderes, sem jamais examinar nem sequer conhecer a causa pela qual lutam. Se a vida de um homem mostra que ele não tem séria consideração pela religião, por que razão deveríamos acreditar que ele quebraria sua cabeça acerca das opiniões de sua Igreja e se esforçaria por examinar os fundamentos desta ou daquela doutrina? Basta-lhe obedecer seus líderes, ter sua mão e sua língua prontas a apoiar a causa comum, e assim obter a aprovação daqueles que podem lhe dar crédito, promoção ou proteção nessa sociedade. Assim os homens se tornam professadores e combatentes em favor de opiniões das quais jamais estiveram convencidos e das quais nunca foram prosélitos, e que inclusive jamais lhes passaram pela cabeça: e embora não se possa dizer que o número de opiniões improváveis ou errôneas no mundo seja menor do que é, isto no entanto é certo: o número de seus reais adeptos, e que as tomam erroneamente por verdades, é menor do que se imagina."[34]

Locke por certo tem razão: quem paga bem sempre encontrará um exército, ainda que sua causa seja a pior do mundo. Assim como se pode, mediante generosos subsídios, manter no topo por algum tempo um mau pretendente ao trono, também é possível fazê-lo com um mau filósofo. Contudo, Locke deixou de considerar aqui toda uma

---

34. Locke, *Ensaio sobre o entendimento humano*, livro IV, capítulo xx, seção 18. Traduzido aqui do inglês: John Locke, *An Essay Concerning Human Understanding*. Oxford: Clarendon Press, 1894, vol. II, p. 458-459. (N.T.)

classe de adeptos de opiniões errôneas e propagadores de falsa glória, mais exatamente, aqueles que constituem o verdadeiro séquito, o *gros de l'armée*[35]: refiro-me ao número daqueles que não pretendem, por exemplo, tornar-se professores da hegelice ou gozar outras prebendas, mas, como puros simplórios (*gulls*[36]), com o sentimento da completa impotência de sua faculdade de julgar, papagueiam o que dizem os que sabem impressioná-los, tomam parte nas aglomerações e as seguem quando as veem e gritam junto quando escutam barulho. Para agora também complementar nesse aspecto a explicação dada por Locke para um fenômeno que se repete em todas as épocas quero comunicar uma passagem de meu autor espanhol favorito, que será de toda forma bem-vinda ao leitor, visto que é extremamente engraçada e dá uma amostra de um livro excelente, praticamente desconhecido na Alemanha. Mas, em especial, essa passagem deverá servir de espelho a muitos janotas velhos e jovens na Alemanha, que, na tácita mas profunda consciência de sua incapacidade intelectual, imitam dos patifes o louvor a Hegel e afetam encontrar sabedoria prodigiosamente profunda nos ditos vazios ou absolutamente disparatados desse charlatão filosófico. *Exempla sunt odiosa*[37]: por isso, tomando as coisas apenas *in abstracto*, dedico-lhes a lição de que nada

---

35. O grosso do exército. (N.T.)

36. Tolos, bobos. (N.T.)

37. Os exemplos são odiosos. (N.E.)

rebaixa mais intelectualmente que a admiração e o louvor do que é ruim. Pois Helvétius diz com razão: "*le degré d'esprit nécessaire pour nous plaire, est une mesure assez exacte du degré d'esprit que nous avons*".[38] Muito mais se pode desculpar o desconhecimento momentâneo do que é bom: pois o mais excelente em cada categoria se aproxima de nós, graças à sua originalidade, de maneira tão nova e estranha que, para reconhecê-lo ao primeiro olhar, se requer não apenas entendimento, mas também uma grande formação em sua categoria: por isso, via de regra, o mais excelente encontra um reconhecimento tardio, e tão mais tardio quanto mais elevada sua categoria, e os verdadeiros iluminadores da humanidade partilham o destino das estrelas fixas, cuja luz precisa de muitos anos para chegar ao campo visual dos homens. Em contrapartida, a veneração do ruim, do falso, do desprovido de espírito ou até do absurdo e mesmo disparatado não admite qualquer desculpa; por meio dela se demonstra terminantemente que se é um palerma e, por conseguinte, continuará sendo-o até o fim de seus dias: pois o entendimento não é aprendido. – Por outro lado, estou certo da gratidão dos honestos e sensatos que ainda possam existir, pois, depois de receber uma provocação, trato por uma

---

38. O grau de espírito necessário para nos agradar é uma medida bastante exata do grau de espírito que temos. Helvétius, *De l'Esprit* [Do espírito], discurso II, capítulo 10. (N.E.)

vez a hegelhice, essa peste da literatura alemã, como ela merece. Pois eles serão inteiramente da opinião que Voltaire e Goethe, em chamativa concordância, assim expressaram: "*La faveur prodiguée aux mauvais ouvrages est aussi contraire aux progrès de l'esprit que le déchainement contre les bons*"[39] (carta à duquesa de Maine). "O verdadeiro obscurantismo não está em impedir a propagação do verdadeiro, claro e útil, mas em colocar o falso em circulação" (Espólio, vol. 9, p. 54). Mas que época, como esses últimos vinte anos na Alemanha, teria vivenciado uma tão planejada e violenta colocação em circulação do que é totalmente ruim? Que outra teria para mostrar semelhante apoteose do absurdo e do disparate? Para que outra época parecem estes versos de Schiller:

> Vi as sagradas coroas da glória
> Profanadas sobre a testa ordinária[40],

tão profeticamente destinados? Justo por isso, a rapsódia espanhola que quero comunicar para a jovial conclusão deste prefácio é tão magnificamente contemporânea que poderia surgir a suspeita de que foi escrita em 1840 e não em 1640: por isso, informo que a traduzi fielmente do *Criticón* de Baltazar Gracián, parte III, crítica 4, p. 285 do primeiro

---

39. O favor prodigalizado às más obras é tão contrário ao progresso do espírito quanto o ataque às boas. (N.E.)
40. Schiller, "Die Ideale" [Os ideais], estrofe 9. (N.E.)

volume da primeira edição antuerpiense in-quarto das *Obras de Lorenzo Gracián*, de 1702.[41]

"Apenas os cordoeiros celebrou muito o Decifrador, por andarem em direção contrária à de todos.[42]

"Ao chegarem ali, sentiram que seus ouvidos eram puxados, e sua atenção, arrebatada. Olharam para um lado e para o outro e viram sobre um estrado ordinário um valente *decitore*[43] cercado de uma grande roda de moinho[44] de gente, e eles eram os moídos; mantinha-os como prisioneiros, acorren-

---

41. Trecho vertido aqui diretamente do espanhol: Baltasar Gracián, *El criticón*. Edición crítica y comentada por M. Romera-Navarro. Philadelphia: University of Pennsylvania Press, 1940, Tomo tercero, p. 137-144 (Tercera parte: En el invierno de la vejez. Crisi cuarta: El Mundo descifrado). (N.T.)

42. Schopenhauer assim traduz este trecho: "Mas o guia e Decifrador de nossos dois viajantes julgou que entre todos apenas os cordoeiros mereciam louvor: pois andam em direção contrária a todos os demais", esclarecendo numa nota quem são os dois viajantes: "Eles são Critilo, o pai, e Andrênio, o filho. O Decifrador é o *Desengaño*, isto é, a desilusão: ele é o segundo filho da verdade, cujo primogênito é o ódio: *veritas odium parit* [a verdade pare o ódio]". Conforme nota de M. Romera-Navarro, os cordoeiros "vão andando para trás conforme vão retorcendo a corda". (N.T.)

43. Charlatão. (N.T.)

44. "Roda de moinho" tem aqui o sentido figurado de "roda, círculo". (N.T.)

tados pelas orelhas, não com as pequenas correntes de ouro do tebano[45], mas com bridas de ferro. Este, pois, com forte tagarelice, que é importante saber tornear, estava vendendo maravilhas.

"– Agora quero vos mostrar – dizia-lhes – um alado prodígio, um portento do entender! Folgo em tratar com pessoas entendidas, com homens que o são; mas também me cabe dizer que aquele que não tiver um prodigioso entendimento bem pode despedir-se desde logo, pois não compreenderá coisas tão altas e sutis. Atenção, portanto, meus entendidos, pois sairá uma águia de Júpiter que fala e pensa como tal, que ri como Zoilo e bica como Aristarco[46]; não dirá palavra que não encerre um mistério, que não contenha uma ideia com cem alusões a cem coisas: tudo quanto dirá serão profundidades e sentenças.[47]

"– Este – disse Critilo – sem dúvida será algum rico, algum poderoso que, se fosse pobre, nada

---

45. Gracián se refere a Hércules, de quem diz na parte II, crítica 2, p. 133 (como também em *Agudeza y arte*, discurso 19, e igualmente em *El discreto*, p. 398), que de sua língua saíam pequenas correntes que mantinham os outros presos pelas orelhas. No entanto, ele o confunde (induzido por um emblema de Alciato) com Mercúrio, que, como deus da eloquência, foi retratado dessa maneira. (N.A.)

46. Célebres críticos de Homero. (N.T.)

47. Schopenhauer traduz por "sentenças da *mais sublime profundidade*", e explica em nota: "Expressão de Hegel no jornal hegeliano, vulgo *Jahrbücher der wissenschaftlichen Litteratur* [Anuários de literatura científica], 1827, nº 7. No original consta apenas: *profundidades y sentencias*". (N.T.)

valeria o que dissesse: pois se canta bem com voz de prata e se fala melhor com bico de ouro.

"– Eia! – dizia o Charlatão –, que se despeçam os que não forem águias no entender, pois não têm o que atender. O que é isso? Ninguém vai embora, ninguém se mexe?

"O caso foi que ninguém quis dar a entender que era desentendido, antes, todos, que eram muito entendedores; todos mostraram estimar-se muito e ter-se em alta conta. Começou então a puxar uma grosseira brida e apareceu o mais estólido dos animais, cuja mera menção do nome já ofende.

"– Eis aqui – exclamou o Embusteiro – uma águia com todas as luzes do pensar, do refletir! E ninguém se atreva a dizer o contrário, pois seria não considerar-se ajuizado.

"– Sim – disse alguém –, juro que vejo suas asas, como são soberbas! Conto suas plumas, que finas que são! Não as vês? – dizia ao que estava a seu lado.

"– Pois não – respondia ele –, e muito bem!

"Mas outro homem, veraz e ajuizado, dizia:

"– Juro, como homem de bem, que não vejo águia alguma nem que tenha plumas, mas quatro pés tortos e um rabo muito respeitável.

"– Psiu, psiu! Não diz isso – replicou um amigo –, pois te arruinarás, julgarão que és um grande etc.[48] Não vês o que os outros dizem e fazem? Pois segue a corrente.

---

48. Um grande asno, já que mencionar o nome do animal era ofensivo. (N.T.)

"– Juro – prosseguiu outro varão, também íntegro – que não só não é águia mas o antípoda dela! Digo que é um grande etc.

"– Quieto, quieto – bateu-lhe outro amigo com o cotovelo –, queres que todos riam de ti? Não diz que não é águia, mesmo que percebas o contrário, pois é assim que fazemos.

"– Não notais – gritava o Charlatão – as sutilezas que diz? Não terá engenho quem não as note e observe.

"E de imediato saltou à frente um bacharel[49], dizendo:

"– Muito bem, que grande pensar! A primeira coisa do mundo! Oh, que sentença! Deixai-me escrevê-la: é uma lástima que se perca uma vírgula.[50]

"Nisso, a portentosa besta disparou aquele seu desagradável canto, suficiente para confundir um conselho, com tal torrente de tolices que todos ficaram aturdidos, olhando-se uns aos outros.

---

49. Termo pejorativo. Conforme Romera-Navarro, sendo "bacharel" o primeiro título dado nas universidades espanholas, seus detentores ainda têm poucos conhecimentos, e por isso em geral afirmam saber mais do que realmente sabem. (N.T.)

50. Aqui a edição usada por Schopenhauer contém um trecho entre parênteses: "(e após sua morte editarei meus cadernos)", a propósito do qual o filósofo observa em nota de rodapé: *Lectio spuria, uncis inclusa* [acréscimo espúrio, colocado entre parênteses]. (N.T.)

"– Aqui, aqui, meus entendidos[51] – acudiu em seguida o ridículo embusteiro –, aqui, na ponta dos pés! Isto sim que é falar! Haverá Apolo como este? O que achastes da sutileza no pensar, da eloquência no falar? Haverá mais sensatez no mundo?

"Olhavam-se os circunstantes, e nenhum ousava contestar nem manifestar o que sentia e o que era verdadeiro para que não o tomassem por néscio; antes, todos começaram, a uma voz, a celebrá--lo e a aplaudi-lo.

"– Aquele seu bico me arrebata – dizia uma tagarela muito ridícula –, não o perderei um dia.

"– Juro – dizia um homem sensato em voz baixa – que é um asno no mundo inteiro, mas me guardarei muito bem de dizê-lo.

"– Por Deus – dizia outro – que aquilo não é raciocinar, mas zurrar! Mas ai de quem dissesse isso.

---

51. Schopenhauer traduz: "*Aufgeschaut, aufgeschaut, meine gescheuten Leute*", observando a propósito da palavra *gescheut*, na raiz da qual supõe encontrar-se *Scheu* (receio, temor, medo): "Deve-se escrever *gescheut* e não *gescheidt*: a etimologia da palavra tem em sua base o pensamento que Chamfort, muito graciosamente, assim expressa: '*l'ecriture a dit que le commencement de la sagesse était la crainte de Dieu; moi, je crois que c'est la crainte des hommes*' [a Escritura diz que o princípio da sabedoria é o temor a Deus; creio que é o temor aos homens; *Maximes et Pensées*, capítulo II]". Isso por certo é uma pilhéria de Schopenhauer; os dicionários são unânimes em indicar que *gescheit* (sensato, inteligente, prudente) está relacionado ao verbo *scheiden* (distinguir, separar). (N.T.)

É o que acontece agora, a toupeira passa por lince, a rã por canário, a galinha é tomada por leão, o grilo por pintassilgo, o jumento por filhote de águia. Que me importa o contrário? Pensarei isso cá comigo e falarei como todos, e vivamos, que é o que importa.

"Critilo estava irritado por ver semelhante vulgaridade de uns e artifício de outros.

"– Será possível cair numa tal imbecilidade? – ponderava.

"E o espertalhão do embusteiro, à sombra de seu nariz de bom tamanho, ria-se de todos e comemorava à parte, como numa comédia:

"– Como enganaste a todos! O que uma cafetina faria melhor? E os faço engolir cem disparates.

"E voltava a gritar:

"– Ninguém diga que não é assim, pois seria qualificar-se de néscio.

"Com isso mais se reforçava o desprezível aplauso. E Andrênio fazia o que todos faziam; mas Critilo, não podendo aguentar aquilo, estava prestes a explodir, e dirigindo-se a seu mudo Decifrador, disse-lhe:

"– Até quando esse sujeito abusará de nossa paciência e até quando ficarás calado? Que desavergonhada vulgaridade é essa?

"– Ei, espera – respondeu-lhe – até que o tempo o diga: ele restaurará a verdade, como de costume. Espera esse monstro dar meia-volta, e então ouvirás como o abominarão esses mesmos que o admiram.

"No exato momento em que o Embusteiro se retirou com aquele seu ditongo de águia e besta, tão mentirosa aquela quanto certa esta, começaram uns e outros a falar claro no mesmo instante.

"– Juro – dizia um – que não era um gênio, mas um animal!

"– Que grande estupidez a nossa! – disse outro.

"E assim todos foram se animando, e diziam:

"– Será possível tal embuste?

"– A verdade é que não o ouvimos dizer nada de valor e o aplaudimos: por fim, ele era um jumento e nós é que merecemos a sela.

"Mas já nesse momento o Charlatão saiu outra vez, prometendo outro maior portento:

"– Agora vos apresento – disse – nada menos que um famoso gigante, um prodígio da fama! Encélado e Tifeu[52] são meras sombras diante dele! Mas também digo que quem aclamá-lo gigante será bem-aventurado, pois lhe dará grandes honras e amontoará riquezas sobre ele, mil e dez mil de renda, a dignidade, o cargo, o posto. Mas aquele que não o reconhecer como gigante, infeliz dele: não só não alcançará favor algum, mas será alcançado por raios e castigos. Atenção todo mundo, pois ele está saindo, está se mostrando! Oh, como é alto!

"Correu uma cortina e apareceu um homenzinho que, mesmo em cima de uma grua, não se enxergaria. Era como do cotovelo à mão, uma nonada, um pigmeu em tudo, no ser e no proceder.

---

52. Gigantes da mitologia clássica. (N.T.)

"– Por que não gritais? Como não o aplaudis? Bradai, oradores; cantai, poetas; escrevei, gênios; dizei, todos: 'O famoso, o eminente, o grande homem!'.

"Estavam todos atônitos e perguntavam-se com os olhos: 'Senhores, o que ele tem de gigante? O que nele vedes de herói?'. Mas logo o bando dos lisonjeiros começou a dizer aos gritos:

"– Sim, sim, o gigante, o gigante, o primeiro homem do mundo! Que grande príncipe foi tal! Que bravo marechal foi aquele! Que grande ministro foi fulano!

"De imediato, choveram dobrões sobre eles. Os autores não compunham mais histórias, e sim panegíricos, inclusive o próprio Pedro Mateo[53]; os poetas roíam as unhas para conseguir seu pão. Não havia homem que se atrevesse a dizer o contrário; antes, todos gritavam a quem mais podia:

"– O gigante, o máximo, o maior! – esperando cada qual um ofício e um benefício, e diziam em segredo, lá em seu íntimo: '– Como minto, pois não é grande, e sim um anão! Mas o que farei? Dizei que assim pensais e medrareis. Desse modo, visto e como e bebo e me comprazo, e me torno grande homem; que aquele seja o que quiser. E ainda que isso contrarie o mundo inteiro, ele haverá de ser um gigante'.

---

53. Ele cantou Henrique IV: ver *El criticón*, parte III, crítica 12, p. 376. (N.A.) [Trata-se do poeta e historiador francês Pierre Mathieu (1563-1621), cujo segundo volume de sua *Histoire de France* é dedicado quase inteiramente ao reinado de Henrique IV. (N.T.)]

"Tratou Andrênio de seguir a corrente e começou a gritar:

"– O gigante, o gigante, o gigantaço!

"E de imediato granizaram sobre ele dons e dobrões, e dizia:

"– Isto sim que é saber viver!

"Critilo se afligia e dizia:

"– Rebentarei se não falar.

"– Não faça isso – disse-lhe o Decifrador –, pois será tua perdição. Aguarda o tal gigante virar as costas e verás o que acontece.

"Sucedeu que no mesmo instante em que acabou de fazer seu papel de gigante e se retirou ao camarim das mortalhas, começaram todos a dizer:

"– Que tolice a nossa! Eh, pois não era gigante, mas um pigmeu, que não foi coisa alguma nem valeu nada!

"E zombavam uns dos outros.

"– Que coisa – disse Critilo – é falar de alguém em vida ou depois de morto! Como é diferente a linguagem das ausências! Como é grande a distância que existe entre estar sobre as cabeças ou abaixo dos pés!

"Não pararam aqui os embustes do Sinão[54] moderno; antes, lançando-se ao outro lado, trazia homens eminentes, gigantes verdadeiros, e os vendia por anões e homens que não valiam coisa alguma, que eram nada e menos que nada. E todos diziam que sim e que tinham de passar por tais, sem

---

54. Sinão: grego que convenceu os troianos a levarem o cavalo de madeira para dentro de sua cidade. (N.T.)

que os homens de juízo e de crítica ousassem soltar um pio. Ele trouxe a fênix e disse que era um escaravelho, e todos disseram que sim, que era, e tinha de passar por tal."

Até aqui Gracián, e também é o que basta do *summo philosopho* por quem a Academia Dinamarquesa julga com toda a honestidade poder exigir respeito: o que me colocou na situação de servir-lhe uma contralição pela lição que me deu.

Ainda tenho a observar que o público teria recebido os dois presentes ensaios um meio ano antes se eu não tivesse confiado firmemente que a Real Sociedade Dinamarquesa, conforme é correto e como fazem todas as academias, anunciaria o resultado do concurso no mesmo jornal em que publica suas questões no exterior (aqui, a *Halle'sche Litteraturzeitung*). Mas ela não faz isso, e é preciso solicitar o resultado de Copenhague, o que é tanto mais difícil porque nem sequer sua data é indicada no concurso. Por isso, tomei esse caminho com seis meses de atraso.[55]

Frankfurt a. M., setembro de 1840.

---

55. No entanto, ela publicou seu parecer posteriormente, isto é, após a publicação da presente *Ética* e desta reprimenda. Quer dizer, ela o reproduziu no jornal de anúncios da *Halle'sche Litteraturzeitung*, novembro de 1840, nº 59, como também no da *Jena'sche Litteraturzeitung* do mesmo mês – ou seja, publicou em novembro o que fora decidido em janeiro. (N.A.)

Prefácio à segunda edição

Nesta segunda edição, os dois ensaios receberam acréscimos bastante consideráveis, que em sua maioria não são longos, mas foram inseridos em muitos lugares e contribuirão para a completa compreensão do todo. Não é possível estimá-los pelo número de páginas, devido ao formato maior da presente edição. Além disso, eles seriam ainda mais numerosos se a incerteza sobre se viveria para ver esta segunda edição não me tivesse forçado a registrar de modo provisório os pensamentos que aqui cabiam, sucessivamente, onde quer que pudesse, a saber, parte no segundo volume de minha obra capital, capítulo 47, e parte em *Parerga und Paralipomena*, volume 2, capítulo 8. –[56]

O ensaio sobre o fundamento da moral, rejeitado pela Academia Dinamarquesa e recompensado apenas com uma repreensão pública, está sendo portanto publicado em segunda edição após vinte anos. Já apresentei no primeiro prefácio a necessária discussão sobre o parecer da Academia, demonstrando sobretudo que nele a Academia nega

---

56. O capítulo 47 de *O mundo como vontade e representação* intitula-se "Sobre a ética"; o capítulo 8 do segundo volume de *Parerga und Paralipomena* [Parergos e paralipômenos] leva o mesmo título. (N.T.)

haver perguntado o que perguntou e, em compensação, afirma ter perguntado o que absolutamente não perguntou: e demonstrei isso (p. 13-7) de modo tão claro, detalhado e completo que nenhum rábula do mundo pode fazê-la passar por inocente. Não preciso realmente dizer qual a importância disso. Sobre o proceder da Academia em seu todo, após um período de vinte anos para a mais fria reflexão, tenho a acrescentar agora ainda o seguinte.

Se a finalidade das academias fosse reprimir a verdade na medida do possível, sufocar o espírito e o talento com todas as forças e manter valentemente a glória dos fanfarrões e charlatães, então, desta vez, nossa Academia Dinamarquesa a teria cumprido à perfeição. Mas, porque não posso servi-la com o respeito que de mim exigiu por fanfarrões e charlatães que são proclamados como grandes pensadores por panegiristas baratos e simplórios ludibriados, quero, em vez disso, dar um útil conselho aos senhores da Academia Dinamarquesa. Quando esses senhores anunciam questões de concurso mundo afora, têm de adquirir antes uma dose de juízo, pelo menos o suficiente para uso doméstico, só o bastante para que consigam, em caso de necessidade, separar o joio do trigo. Pois, além disso, se aí as coisas não vão muito bem *in secunda Petri*[57], o resultado pode ser péssimo. Isto é, a um juízo de

---

57. *Dialectices Petri Rami pars secunda, quae est "de judicio"* (N.A.) [*Dialética*, de Petrus Ramus, parte segunda, "Do juízo" (N.T.)].

Midas segue-se um destino de Midas, e ele é inevitável. Nada pode proteger dele; rostos graves e ares nobres não podem ajudar. Isso também acaba por vir à luz. Por mais grossas que sejam as perucas que se usem, não faltam barbeiros indiscretos nem juncos indiscretos; hoje em dia, as pessoas sequer se esforçam em cavar primeiro um buraco na terra.[58] – Porém, a isso tudo ainda se junta a confiança pueril de me fazer uma censura pública, e mandar publicá-la em jornais literários alemães, por eu não ter sido tão obtuso a ponto de me deixar impressionar pelo cântico de louvor entoado por humildes criaturas ministeriais e longamente continuado pela plebe literária sem cérebro com a finalidade de considerar como *summi philosophi*, junto com a Academia Dinamarquesa, meros prestidigitadores que jamais buscaram a verdade, mas sempre sua própria causa apenas. Será que sequer ocorreu a esses acadêmi-

---

58. Midas, rei da Frígia, antigo país da Ásia Menor, era conhecido por ter longas orelhas, ou seja, espiões por toda parte, o que ensejou o provérbio "Midas tem orelhas de asno". A origem de suas longas orelhas, no entanto, também tem uma explicação mitológica: elas teriam crescido devido a uma retaliação de Apolo, que não foi premiado pelo rei numa competição musical. Este, então, buscou escondê-las, um segredo do qual apenas seu barbeiro tinha conhecimento. O barbeiro era obrigado a manter o segredo sob ameaça de morte; desejando, no entanto, revelá-lo, fez um buraco no chão e ali o sussurrou. Desse buraco nasceram juncos que, agitados pelo vento, propagaram a notícia. (N.T.)

cos perguntar-se primeiro se tinham apenas uma sombra de legitimidade para me fazer censuras públicas a respeito de minhas opiniões? Serão eles tão completamente abandonados por todos os deuses que isso não lhes veio à mente? Agora vêm as consequências: a nêmesis aí está: os juncos já farfalham! Apesar da resistência combinada de muitos anos de todos os professores de filosofia, finalmente me impus, e os olhos do público instruído se abrem cada vez mais acerca dos *summi philosophi* de nossos acadêmicos: por mais que miseráveis professores de filosofia, que há muito se comprometeram com eles e além disso deles necessitam como material para suas aulas, ainda venham a mantê-los de pé, com forças debilitadas, por algum tempo, eles decaíram bastante na estima pública, e especialmente Hegel se dirige a passos firmes rumo ao desprezo que o aguarda na posteridade. Desde há vinte anos, a opinião sobre ele já se aproximou três quartos do caminho do desfecho com que se encerra a alegoria de Gracián comunicada no primeiro prefácio, e, dentro de alguns anos, o terá alcançado por inteiro, para coincidir completamente com o juízo que há vinte anos *tam justam et gravem offensionem*[59] causou à Academia Dinamarquesa. Por isso, para retribuir sua censura com um presente, quero brindar a Academia Dinamarquesa com um poema de Goethe para seu álbum:

---

59. Tão justa e grave ofensa. (N.T.)

O ruim podes sempre louvar:
Logo receberás por isso o abono!
Em teu charco irás no alto nadar
E dos borra-tintas serás o patrono.

Repreender o bom? Podes tentar!
Só de insolência careces:
Mas, se alguém tal farejar,
Esmagar-te-á como mereces.[60]

***

O fato de nossos professores de filosofia alemães não terem julgado digno de consideração, que dirá de ponderação, o conteúdo destes ensaios éticos já foi devidamente reconhecido por mim no tratado sobre o princípio da razão, páginas 47-49 da segunda edição[61], sendo além disso uma coisa óbvia. Afinal, por que altos espíritos dessa categoria atentariam para o que gentinha como eu tem a dizer? Gentinha para a qual em seus escritos lançam no máximo, de passagem e de cima, um olhar de desdém e de repreensão. Não, o que apresento não os preocupa: eles permanecem com

---

60. Goethe, *Zahme Xenien* [Xênias mansas], V. Edição de Weimar, vol. 3, p. 325. (N.E.)

61. *Ueber die vierfache Wurzel des Satzes vom zureichenden Grunde* [Sobre a raiz quádrupla do princípio da razão suficiente], capítulo 4, seção 20, edição de 1847. (N.T.)

seu livre-arbítrio e sua lei moral, por mais que as razões contrárias sejam tão numerosas quanto as amoras silvestres. Pois aqueles estão entre os artigos imprescindíveis, e eles sabem para o que eles mesmos estão aí: aí estão *in majorem Dei gloriam*[62] e todos merecem se tornar membros da Real Academia Dinamarquesa.

Frankfurt a. M., agosto de 1860.

---

62. Para a maior glória de Deus. (N.T.)

Ensaio sobre o livre-arbítrio

PREMIADO PELA REAL SOCIEDADE
NORUEGUESA DE CIÊNCIAS EM TRONDHEIM,
EM 26 DE JANEIRO DE 1839

Moto:
*La liberté est un myst*ère.[63]

---

63. Em *O mundo como vontade e representação* (livro IV, seção 70), Schopenhauer atribui essa sentença ao filósofo e teólogo francês Nicolas Malebranche (1638-1715). Paul Deussen, editor de Schopenhauer, afirma contudo que não é possível encontrá-la nas obras desse autor, e que ela parece ser antes uma elaboração do filósofo francês Claude-Adrien Helvétius (1715-1771) a partir de um trecho dos *Entretiens sur la Métaphysique* [Diálogos sobre a metafísica] de Malebranche (diálogo 4, capítulo 16). Em *De l'Esprit* [Do espírito], discurso I, capítulo IV, Helvétius nega o livre-arbítrio, afirmando com ironia que não se pode formar qualquer ideia sobre a palavra *liberdade* aplicada à vontade, sendo adequado considerá-la um mistério, convir que somente a teologia possa discorrer sobre semelhante assunto e que um tratado filosófico acerca da liberdade nada mais seria que um tratado dos efeitos sem causa. (N.T.)

A questão proposta pela Real Sociedade é a seguinte:

Num liberum hominum arbitrium e sui ipsius conscientia demonstrari potest?

Tradução: "Poderá o livre-arbítrio humano ser demonstrado a partir da autoconsciência?".

I
Definições conceituais

Em uma questão tão importante, séria e difícil, que no essencial coincide com um problema capital de toda a filosofia medieval e moderna, por certo se requer grande precisão e, por isso, uma análise dos principais conceitos que nela aparecem.

1) *O que significa liberdade?*

Esse conceito, observado com atenção, é um conceito *negativo*. Por meio dele pensamos apenas a ausência de todos os obstáculos e impedimentos: estes, por outro lado, na medida em que manifestam força, têm de ser algo positivo. Correspondendo à possível constituição desse elemento impedidor, o conceito tem três subcategorias muito diferentes: liberdade física, intelectual e moral.

a) *Liberdade física* é a ausência de obstáculos *materiais* de qualquer espécie. Por isso dizemos: céu livre, vista livre, ar livre, campo livre, um lugar livre, calor livre (que não é ligado quimicamente), eletricidade livre, livre fluxo da correnteza, quando esta não é mais bloqueada por montanhas ou represas etc.[64] Mesmo alojamento livre, refeição livre, imprensa livre, carta livre de porte designam a ausência das condições incômodas que, como obstáculos ao usufruto, costumam estar ligadas a tais coisas. Porém, é mais frequente em nosso pensamento que o conceito de liberdade seja o predicado dos seres animais, cuja peculiaridade é o fato de seus movimentos partirem de *sua vontade*, serem voluntários e, por conseguinte, chamados de *livres* quando nenhum obstáculo material tornar isso impossível. No entanto, visto que esses obstáculos podem ser de tipo muito diverso, mas que aquilo que eles obstam é sempre *a vontade*, prefere-se, por questão de simplicidade, apreender o conceito pelo lado positivo, pensando por meio dele tudo o que se move apenas por sua própria vontade ou age apenas por sua própria vontade: uma reversão do conceito que essencialmente nada muda. Logo, nesse sentido *físico* do conceito de liberdade, animais e pessoas serão chamados de *livres* quando nem grilhões nem cárceres nem paralisia, isto é, quando absolutamente nenhum obstáculo *físico, material*, impedir suas ações, mas estas acontecerem de acordo com a *vontade* deles.

Esse *sentido físico* do conceito de liberdade, e em especial como predicado dos seres animais, é o sentido original, imediato e, por isso, o mais frequente

---

64. As correspondências não são exatas em português: usamos comumente "ar livre" (e não "céu livre") e "campo aberto" (e não "campo livre"). (N.T.)

de todos, sentido em que, precisamente por isso, tal conceito tampouco está submetido a qualquer dúvida ou controvérsia, mas sempre pode atestar sua realidade pela experiência. Pois tão logo um ser animal aja apenas por sua *vontade*, ele é, nesse sentido, *livre*: no que não se considera o que porventura possa ter influência sobre sua vontade mesma. Pois apenas ao *poder*, isto é, precisamente à ausência de obstáculos *físicos* para suas ações, refere-se o conceito de liberdade nesse seu sentido original, imediato e, por isso, popular. Por isso se diz: livre é o pássaro nos ares, o animal selvagem na floresta; o homem é livre por natureza; somente o homem livre é feliz. Também se chama um povo de livre, e se entende por isso que é governado apenas por leis, mas que deu essas leis a si mesmo: pois nesse caso ele sempre obedece apenas à sua própria vontade. Assim, cabe incluir a liberdade política na liberdade física.

Porém, tão logo nos afastemos dessa liberdade *física* e consideremos os dois outros tipos de liberdade, não estamos mais lidando com o sentido popular do conceito, e sim com um sentido *filosófico*, que, como se sabe, abre caminho a muitas dificuldades. Ele se divide em dois tipos inteiramente distintos: a liberdade intelectual e a moral.

b) A *liberdade intelectual*, το ἑκούσιον καὶ ἀκούσιον κατὰ διάνοιαν[65] em Aristóteles, será

---

65. O voluntário e involuntário em relação ao pensamento. (N.T.) Ver Aristóteles, *Ética a Eudemo*, II, 7, p. 1223a. (N.E.)

considerada aqui meramente para fins de completude da classificação de conceitos: por isso, permito-me adiar sua discussão até o final deste ensaio, quando os conceitos a serem nela empregados já tiverem encontrado uma explicação no que a precede, de modo que tal liberdade poderá então ser tratada de maneira breve. Mas, nesta classificação, como parenta mais próxima da liberdade física, ela precisava ter seu lugar ao lado desta.

c) Volto-me logo, portanto, ao terceiro tipo, à *liberdade moral*, que é propriamente o *liberum arbitrium* sobre o qual fala a questão da Real Sociedade.

Esse conceito liga-se ao da liberdade física sob um aspecto que também torna compreensível sua origem, necessariamente muito mais tardia. A liberdade física se refere, como foi dito, apenas a obstáculos materiais em cuja ausência ela logo se faz presente. No entanto, observou-se em muitos casos que uma pessoa, sem ser inibida por obstáculos materiais, fosse impedida por meros motivos, tais como ameaças, promessas, perigos etc., de agir de uma maneira que, além do mais, certamente estaria de acordo com sua vontade. Por isso, levantou-se a seguinte questão: tal pessoa ainda seria *livre*? Ou um forte motivo contrário poderia realmente impedir e impossibilitar a ação conforme a genuína vontade do mesmo modo que um obstáculo físico? A resposta a isso não pôde ser difícil ao são entendimento: a saber, que jamais um motivo poderia atuar da mesma maneira que um obstáculo físico, pois este poderia facilmente ultrapassar de modo absoluto as forças físicas humanas em geral, mas um motivo, em compensação, nunca poderia ser irresistível em si mesmo, nunca poderia ter uma força absoluta, mas possivelmente poderia sempre ser sobrepujado por um *motivo contrário mais forte*, bastando apenas que este existisse e que a pessoa dada no caso individual fosse determinável por ele; assim também vemos com frequência que mesmo aquele que é comumente o mais forte de todos os motivos, a conservação da vida, seja sobrepujado por outros: por exemplo, no caso do suicídio e no do sacrifício da vida por outras pessoas, por opiniões e por interesses vários; e, inversamente, vemos que todos os graus dos mais requintados martírios no cavalete de torturas são por vezes superados pelo mero pensamento de que de outro modo a vida se perderia. Mas se a partir disso também ficasse claro que os motivos não trazem consigo qualquer coerção puramente objetiva e absoluta, poderia no entanto competir-lhes uma coerção subjetiva e relativa, a saber, exercida sobre a pessoa em questão, o que resultaria na mesma coisa. Por isso permaneceu a pergunta: será a vontade mesma livre? – Aqui, pois, o conceito de liberdade, que até então fora pensado apenas em relação ao *poder*, foi relacionado ao *querer*, surgindo o problema de saber se o querer mesmo seria *livre*. No entanto, a um exame mais pormenorizado, o conceito original de liberdade, puramente empírico e por isso popular, mostra-se incapaz de ser relacionado com o *querer*. Pois, segundo esse conceito, "*livre*" significa... "*conforme à própria vontade*": assim, quando se pergunta se a vontade mesma é livre, o que se pergunta é se a vontade está de acordo consigo mesma: o que é óbvio, é verdade, mas também não diz nada. De acordo com o conceito empírico de liberdade, isso significa: "Sou livre se posso *fazer o que quero*": e pelo "o que quero" a liberdade já está decidida aí. Mas agora, visto que perguntamos pela liberdade do *querer* mesmo, tal questão se colocaria, consequentemente, desta maneira: "Podes também *querer* o que queres?" – o que passa a impressão de que o querer ainda dependeria de outro situado por trás dele. E supondo que se respondesse de modo afirmativo a essa questão, logo surgiria uma segunda: "Também podes querer o que queres querer?", e assim o assunto seria empurrado para cima até o infinito por sempre pensarmos *um* querer como dependente de um anterior ou situado mais profundamente, e por essa via aspiraríamos em vão a alcançar enfim um querer que teríamos de pensar e admitir que não é dependente de absolutamente nada. Porém, se admitíssemos um tal querer, poderíamos tomar tanto o primeiro quanto qualquer um dos últimos, num processo em que no entanto a questão seria reconduzida à pergunta bastante simples "podes querer?". Mas o que se queria saber era se a mera resposta afirmativa a essa pergunta decide a liberdade do querer, e isso continua sem solução. O conceito de liberdade original, empírico, tomado do agir, recusa-se portanto a entrar numa relação direta com o conceito de vontade. Por essa razão, para ainda assim poder aplicar o conceito de liberdade à vontade, precisou-se modificá-lo, apreendendo-o de maneira mais abstrata. Isso aconteceu quando, pelo conceito de *liberdade*, se pensou a ausência de toda *necessidade* apenas de modo geral. Assim o conceito mantém o caráter *negativo* que lhe conferi logo no começo. Dessa forma, caberia discutir de início o conceito de *necessidade* como sendo o conceito *positivo* que dá sentido àquele conceito *negativo*.

Perguntamos, portanto: o que significa *necessário*? A explicação costumeira – "necessário é aquilo cujo oposto é impossível, ou o que não pode ser diferente" – é uma mera explicação da palavra, uma paráfrase do conceito que não aumenta nosso conhecimento. Como explicação real, porém, proponho esta: *necessário é aquilo que se segue de uma razão suficiente dada*: uma proposição que, como toda definição correta, também se deixa inverter. Conforme essa razão suficiente seja uma razão lógica ou matemática ou física, denominada causa, a *necessidade* será uma necessidade lógica (como a da conclusão se forem dadas as premissas), matemática (por exemplo, a igualdade dos lados do triângulo se os ângulos forem iguais) ou física, real (como a ocorrência do efeito tão logo a causa esteja presente): porém, se a razão for dada, a necessidade estará sempre ligada com o mesmo rigor à consequência. Apenas na medida em que compreendamos algo como consequência de uma razão dada é que o reconhecemos como necessário, e, inversamente, tão logo reconheçamos algo como consequência de uma razão suficiente, compreendemo-lo como necessário: pois todas as razões são concludentes. Essa explicação real é tão adequada e exaustiva que necessidade e consequência a partir de uma razão suficiente dada são conceitos intercambiáveis, isto é, um deles sempre pode ser colocado no lugar do outro.[66] – Por conseguinte, a ausência de necessidade seria idêntica à ausência de uma razão suficiente determinante. Pensa-se porém que o oposto do *necessário* é o *casual*, o que não entra em conflito com o que tratamos aqui. Ou seja, tudo o que é casual é-o apenas *relativamente*. Pois no mundo real, que é o único lugar em que se pode encontrar o casual, todo evento é *necessário* em relação à sua causa: em compensação, ele é *casual* em relação a todo o restante com que porventura coincida no espaço e no tempo. Ora, mas aquilo que é livre, visto que sua característica é a ausência da necessidade, teria de ser aquilo que absolutamente não depende de causa alguma, sendo por consequência definido como o

---

66. A explicação do conceito de necessidade encontra-se em meu tratado *Ueber die vierfache Wurzel des Satzes vom zureichenden Grunde* [Sobre a raiz quádrupla do princípio da razão suficiente], segunda edição, seção 49. (N.A.)

absolutamente casual: um conceito altamente problemático cuja pensabilidade não garanto, mas que coincide de modo singular com o de *liberdade*. De qualquer forma, *o que é livre* continua sendo aquilo que não é necessário sob nenhum aspecto, ou seja, o que não depende de razão alguma. Porém, aplicado à vontade do ser humano, esse conceito significaria que uma vontade individual não seria determinada em suas manifestações (atos de vontade) por causas ou razões suficientes em geral; pois, ademais, como a consequência de uma razão dada (qualquer que seja seu tipo) é sempre *necessária*, seus atos não seriam livres, e sim necessários. É nisso que repousa a definição de Kant segundo a qual a liberdade é a faculdade de começar uma série de modificações *por si mesmo*. Pois esse "por si mesmo" significa, reconduzido a seu verdadeiro significado, "sem causa precedente": contudo, isso é idêntico a "sem necessidade". De modo que, embora essa definição dê ao conceito de liberdade a aparência de ser um conceito positivo, a um exame mais atento volta a se destacar sua natureza negativa. – Portanto, uma vontade livre seria uma vontade que não fosse determinada por razões – e, visto que tudo aquilo que determina outra coisa tem de ser uma razão, e, no caso de coisas reais, uma razão real, isto é, uma causa –, uma vontade que não fosse determinada por nada, cujas manifestações particulares (atos de vontade) proviriam portanto de modo absoluto e inteiramente original dela mesma, sem serem necessariamente produzidas por condições prévias, ou seja, sem tampouco serem determinadas por algo segundo uma regra. Frente a esse conceito, nosso pensamento claro cessa, pois o princípio da razão, em todos os seus significados, é a forma essencial de nossa inteira faculdade cognitiva, mas aqui deve ser abandonado. Entretanto, tampouco falta um *terminus technicus* para esse conceito: chama-se *liberum arbitrium indifferentiae*.[67] Esse conceito, aliás, é a única coisa claramente definida, sólida e incontestável daquilo que se chama de liberdade da vontade; por isso, não podemos nos afastar dele sem cair em explicações vacilantes, nebulosas e por trás das quais se oculta uma insuficiência hesitante: como quando se fala de razões que não produzem suas consequências de modo necessário. Toda consequência de uma razão é necessária, e toda necessidade é consequência de uma razão. A partir da hipótese de um tal *liberi arbitrii indifferentiae*, a consequência mais imediata, que inclusive caracteriza esse conceito e, por isso, deve ser definida como sua marca, é que para um indivíduo humano dotado desse arbítrio, sob circunstâncias externas dadas, determinadas de modo inteiramente individual e universal, são possíveis do mesmo modo duas ações diametralmente opostas.

---

67. Livre-arbítrio da indiferença, ou seja, a suposta possibilidade de escolher entre alternativas diametralmente opostas sem que haja qualquer inclinação prévia para alguma delas. (N.T.)

2) *O que significa autoconsciência?*

Resposta: a consciência *de si mesmo*, em oposição à consciência *de outras coisas*, sendo esta última a faculdade cognitiva. Esta por certo contém, ainda antes que essas outras coisas nela apareçam, certas formas do modo desse aparecimento, que, por conseguinte, são condições da possibilidade de sua existência objetiva, isto é, de sua existência como objetos para nós: tais são, como é sabido, o tempo, o espaço e a causalidade. Embora essas formas do conhecer se encontrem em nós mesmos, elas só têm a finalidade de que possamos nos tornar conscientes das *outras coisas* como tais e em relação geral com elas: por isso, não cabe considerar essas formas, embora se encontrem em nós, como pertencentes à *autoconsciência*, mas antes como possibilitadoras da *consciência das outras coisas*, isto é, do conhecimento objetivo.

Além disso, não me deixarei levar pelo duplo sentido da palavra *conscientia*, empregada na questão, a arrastar para a autoconsciência os sentimentos morais do ser humano conhecidos pelo nome de consciência moral, ou também de razão prática, com seus imperativos categóricos propugnados por Kant; em parte porque tais sentimentos apenas se apresentam como consequência da experiência e da reflexão, ou seja, em consequência da consciência de outras coisas, em parte porque ainda não está traçada de maneira nítida e incontestável a linha demarcatória entre aquilo que neles pertence à natureza humana de modo original e próprio, e aquilo que a formação moral e religiosa acrescenta. Além do mais, porque certamente não pode ser a intenção da Real Sociedade ver a questão lançada no terreno da moral pelo enredamento da consciência moral na autoconsciência e então ver repetida a prova moral kantiana – ou antes, o postulado – da liberdade a partir da lei moral consciente *a priori* graças à dedução "tu podes porque tu deves".

Do que foi dito, fica claro que a maior parte de toda a nossa consciência em geral não é nem de longe a *autoconsciência*, e sim a *consciência das outras coisas*, ou a faculdade cognitiva. Esta é dirigida para fora com todas as suas forças e é o cenário (e até, a partir de um ponto de investigação mais profundo, a condição) do mundo real externo, em relação ao qual ela se comporta de início apreendendo-o intuitivamente e, em seguida, transformando o que foi obtido por essa via, por assim dizer mediante ruminação, em conceitos, cujas infinitas combinações, realizadas com a ajuda de palavras, constituem *o pensamento*. – Ou seja, a *autoconsciência* seria a primeira de todas as coisas que nos restam após a subtração dessa parte, de longe a maior, do conjunto de nossa consciência. Deste ponto, já abrangemos que a riqueza da autoconsciência não pode ser grande: por isso, se os dados buscados para provar o livre-arbítrio realmente se encontrarem nela, podemos esperar que não nos escapem. Como órgão da autoconsciência também se propôs um *sentido interior*[68], que, não obstante, cabe tomar mais no sentido figurado do que no sentido próprio: pois a autoconsciência é imediata. Seja lá como for, nossa próxima pergunta é esta: o que a autoconsciência contém? Ou: como o ser humano se torna imediatamente consciente de si mesmo? Resposta: inteiramente como um *ser que quer*. Ao observar a própria autoconsciência, cada um logo perceberá que seu objeto é sempre o próprio querer. Este, porém, não abrange apenas os resolutos atos de vontade que logo se transformam em ações e as verdadeiras decisões junto com as ações que delas derivam, mas, quem apenas for capaz de apanhar o essencial, ainda que sob diversas modificações de grau e tipo, não hesitará em também incluir todo anelo, aspiração, desejo, ânsia, anseio, esperança, amor, alegria, júbilo etc. entre as manifestações do querer, não menos que o não querer ou o resistir, toda abominação, fuga, temor, ira, ódio, tristeza, dor, em suma, todos os afetos e paixões; visto que esses afetos e paixões são apenas movimentos mais ou menos fracos ou fortes, ora violentos e impetuosos, ora silenciosos, da própria vontade coibida ou liberta, satisfeita ou insatisfeita, e todos se referem em múltiplas variações à obtenção

---

68. Ele já se encontra em Cícero como *tactus interior*: *Academicae quaestiones*, IV, 7. De modo mais claro, em Agostinho, *De libero arbitrio*, II, 3 e segs. Em seguida, em Descartes: *Principia philosophiae*, IV, 190; e inteiramente desenvolvido em Locke. (N.A.)

ou ao malogro do que se quis e à tolerância ou à superação do que se detesta, eles são, assim, decididas afecções da mesma vontade que atua nas decisões e ações.[69] Porém, entram aí inclusive o que chamamos de sentimentos de prazer e desprazer: é verdade que existem em grande variedade de graus e tipos, mas sempre é possível reduzi-los a afecções de avidez ou repulsa, ou seja, à própria vontade que se torna consciente de si mesma como satisfeita ou insatisfeita, coibida ou liberta: isso se estende inclusive às sensações físicas agradáveis ou dolorosas e às inúmeras outras situadas entre essas duas, visto que a essência de todas essas afecções consiste no fato de entrarem imediatamente na autoconsciência como algo que é adequado ou adverso à vontade.

---

69. É bastante notável que já o padre da Igreja Agostinho tenha reconhecido isso plenamente, enquanto tantos modernos, com sua suposta "faculdade sensível", não o percebam. A saber, em *De civitate Dei* [A cidade de Deus], livro XIV, capítulo 6, ele fala das *affectionibus animi* [afecções da alma], que no livro anterior classificara em quatro categorias – *cupiditas, timor, laetitia, tristitia* [cupidez, medo, alegria, tristeza] –, e diz: *voluntas est quippe in omnibus, imo omnes nihil aliud, quam voluntates sunt: nam quid est cupiditas et laetitia, nisi voluntas in eorum consensionem, quae volumus? et quid est metus atque tristitia, nisi voluntas in dissensionem ab his, quae nolumus?* [pois a vontade está em todas elas, que não são outra coisa senão vontade: pois o que são a cupidez e a alegria senão uma vontade de concordar com o que queremos? E o que são o medo e a tristeza senão a vontade de discordar do que não queremos?]. (N.A.)

Inclusive, a um exame atento, apenas se é imediatamente consciente do próprio corpo como sendo o órgão da vontade que atua para fora e como a sede da receptividade para sensações agradáveis ou dolorosas, que, no entanto, como foi dito há pouco, se reduzem elas mesmas a afecções inteiramente imediatas da vontade, adequadas ou contrárias a esta. De resto, podemos incluir ou não na conta esses meros sentimentos de prazer ou desprazer; de qualquer modo, vemos que todos esses movimentos da vontade, esse cambiante querer e não querer que, em seus constantes fluxos e refluxos, constitui o único objeto da autoconsciência, ou, caso se queira, do sentido interior, encontra-se em relação plena e reconhecida sob todos os aspectos com as coisas percebidas e reconhecidas no mundo exterior. Tais coisas, entretanto, não se encontram mais, como foi dito, no âmbito da *autoconsciência* imediata, a cujos limites portanto, onde esta faz fronteira com o campo da *consciência das outras coisas*, chegamos tão logo tocamos o mundo exterior. Mas os objetos percebidos nele são o material e o ensejo de todos aqueles movimentos e atos da vontade. Isso não será interpretado como uma *petitio principii*[70]: pois ninguém poderá contestar que nosso querer se ocupa constantemente de objetos externos, aos quais se dirige, em torno dos quais gira e que pelo menos o

---

70. Petição de princípio, erro de lógica que consiste em apoiar uma demonstração sobre a própria tese que se quer demonstrar. (N.T.)

incitam enquanto motivos, porque, caso contrário, lhe restaria uma vontade completamente apartada do mundo exterior e trancafiada no interior escuro da autoconsciência. Por ora, ainda nos é problemática apenas a necessidade com que aqueles objetos situados no mundo exterior determinam os atos da vontade.

Vemos, portanto, que a autoconsciência se ocupa de modo bastante intenso da *vontade*; na verdade, de modo até exclusivo. Nosso objetivo é saber se a autoconsciência encontra nesse seu único material dados dos quais se deduziria a *liberdade* dessa mesma vontade no sentido da palavra apresentado acima, e que também é o único claro e definido, objetivo esse rumo ao qual queremos singrar agora diretamente, depois de até aqui nos termos aproximado dele apenas barlaventeando, é verdade, mas já de maneira considerável.

II
A vontade diante da autoconsciência

Se uma pessoa *quer*, ela também quer algo: seu ato de vontade é sempre dirigido a um objeto e só se deixa pensar em relação a um tal objeto. Mas o que significa querer algo? Significa o seguinte: o ato de vontade, que de início é ele mesmo apenas objeto da autoconsciência, surge por ensejo de algo que pertence à consciência *de outras coisas*, ou seja, que é um objeto da faculdade cognitiva, objeto que, nessa relação, é chamado de *motivo* e é ao mesmo tempo o material do ato de vontade, pois este se dirige a ele, isto é, tenciona alguma mudança nele, ou seja, reage a ele: nessa *reação* consiste todo o seu ser. Disso já fica claro que o ato de vontade não poderia ocorrer sem o objeto, pois lhe faltaria tanto o ensejo quanto o material. No entanto, pergunta-se se o ato de vontade também *precisa* ocorrer caso esse objeto se apresente à faculdade cognitiva, ou se poderia, pelo contrário, não ocorrer, e não surgir absolutamente nenhum ato de vontade ou então um inteiramente diferente, até mesmo oposto, ou seja, se aquela reação também pode deixar de ocorrer, ou, sob condições completamente iguais, resultar diferente, até mesmo oposta. Em resumo, isso quer dizer: o ato de vontade será produzido com necessidade pelo motivo? Ou, quando este entrar na consciência, a vontade conserva inteiramente a liberdade de querer ou não querer? Aqui, portanto, o conceito de liberdade é tomado naquele sentido abstrato discutido acima e que é o único aqui aplicável, o de mera negação da necessidade, definindo-se assim o nosso problema. No entanto, temos de buscar na *autoconsciência* imediata os dados para sua solução, e, ao final, examinaremos seu enunciado com exatidão, mas não cortaremos o nó em uma decisão sumária, como Descartes, que declarou sem mais nem menos: *Libertatis autem et indifferentiae, quae in nobis est, nos ita conscios esse, ut nihil sit, quod evidentius et perfectius comprehendamus*[71] (*Principia philosophiae*, I, seção 41). O que há de inadmissível nessa declaração já foi criticado por Leibniz (*Théodicée*, I, seção 50, e III, seção 292), que no entanto era ele próprio, nesse ponto, apenas um junco agitado pelo vento e que, após as mais contraditórias observações, chega por fim ao resultado de que a vontade seria sem dúvida inclinada pelos motivos, mas não de modo necessário. Ele diz, mais exatamente: *Omnes actiones sunt determinatae, et nunquam indifferentes, quia semper*

---

71. Por outro lado, somos tão conscientes de nossa liberdade e ausência de determinação que não há nada que compreendamos de maneira tão evidente e perfeita. (N.E.)

datur ratio inclinans quidem, non tamen necessitans, ut sic potius, quam aliter fiat[72] (Leibniz, *De libertate*: *Opera*, ed. Erdmann, p. 669). Isso me dá ocasião para observar que um tal meio-termo entre as alternativas acima apresentadas não é sustentável e que não se pode dizer, de acordo com certas meias-medidas em voga, que os motivos determinam a vontade apenas em certa proporção, que ela sofre sua influência, mas apenas até certo grau, podendo então esquivar-se desta. Pois tão logo admitimos a causalidade de uma força dada, ou seja, tão logo tivermos reconhecido que ela tem efeito, em caso de eventual resistência necessita-se apenas intensificar a força de acordo com a medida da resistência, e ela consumará seu efeito. Quem não pode ser subornado com dez ducados mas vacila será subornado com cem etc.

Voltamo-nos portanto com nosso problema à *autoconsciência* imediata, no sentido que definimos acima. Que esclarecimento nos dará pois essa autoconsciência sobre aquela questão abstrata, a saber, sobre a aplicabilidade ou inaplicabilidade do conceito de *necessidade* à ocorrência do ato de vontade após um motivo dado, isto é, apresentado ao intelecto? Ou sobre a possibilidade ou impossibilidade de sua não ocorrência em tal caso? Ficaríamos

---

72. Todas as ações são determinadas e nunca indiferentes, pois sempre existe uma razão que nos inclina, ainda que não de forma necessária, a agirmos de um modo e não de outro. (N.E.)

bastante desapontados se esperássemos dessa autoconsciência esclarecimentos sólidos e profundos sobre a causalidade em geral e a motivação em particular, como também sobre a eventual necessidade que ambas carregam consigo, já que a autoconsciência, tal como inerente a todas as pessoas, é uma coisa simples e limitada demais para que pudesse ter algo a dizer sobre esse assunto: pelo contrário, esses conceitos são hauridos do entendimento puro, que é voltado para fora, e só podem ser trazidos à baila diante do fórum da razão reflexiva. Em compensação, essa autoconsciência natural, simples, até mesmo simplória, não consegue sequer compreender a questão, que dirá respondê-la. Sua declaração sobre os atos de vontade, que cada um pode escutar em seu próprio interior, quando despojada de todas as coisas estranhas e não essenciais, e reduzida a seu conteúdo nu e cru, talvez se deixe expressar assim: "Posso querer, e quando quiser uma ação, os membros móveis de meu corpo a executarão de imediato tão logo eu queira, sem falta". Em resumo, isso significa: "*Posso fazer o que quero*". A declaração da autoconsciência imediata não vai mais longe, seja lá como a volvermos e sob que forma colocarmos a questão. Sua declaração, portanto, refere-se sempre ao *poder agir segundo a vontade*: mas este é o conceito empírico, original e popular da liberdade apresentado logo no início, segundo o qual *livre* significa "*conforme a vontade*". A autoconsciência proclamará incondicionalmente essa liberdade. Mas não é esta pela qual perguntamos. A autoconsciência proclama a liberdade do *agir* – sob o pressuposto do *querer*: porém é a respeito da liberdade do *querer* que perguntamos. Pois investigamos a relação do próprio querer com o motivo: contudo, acerca disso, essa declaração, "posso fazer o que quero", não contém nada. A dependência de nosso agir, isto é, de nossas ações físicas, em relação à nossa vontade, dependência que a autoconsciência de fato declara, é algo completamente diferente da independência de nossos atos de vontade em relação às circunstâncias externas, o que constituiria o livre-arbítrio, mas sobre o qual a autoconsciência nada pode dizer porque ele está fora de sua esfera, na medida em que ele diz respeito à relação causal do mundo exterior (que nos é dado como consciência das outras coisas) com nossas decisões, e a autoconsciência não pode julgar a relação entre o que está inteiramente fora de seu âmbito e aquilo que está no interior dele. Pois nenhuma força cognitiva pode estabelecer uma relação entre membros na qual um deles não lhe pode ser dado de forma alguma. Evidentemente, porém, os *objetos* do querer, que justamente determinam o ato de vontade, encontram-se fora dos limites da *autoconsciência*, na consciência *das outras coisas*; apenas se encontra *nela* o próprio ato de vontade, e pergunta-se pela relação causal daqueles com este. O único assunto da autoconsciência é o ato de vontade, junto com seu domínio absoluto sobre os membros do corpo, domínio ao qual se refere propriamente o "o que quero". Também é apenas o uso desse domínio, isto é, *a ação*, que o marca como ato de vontade, mesmo para a autoconsciência. Pois enquanto este se encontrar em formação, chama-se *desejo*, e, quando acabado, *decisão*; mas que ele seja uma decisão, apenas a *ação* prova à autoconsciência: pois até chegar à ação ele é alterável. E aqui já nos deparamos com a principal fonte daquela ilusão certamente inegável graças à qual o ingênuo (isto é, o filosoficamente grosseiro) acredita que, num caso dado, lhe seriam possíveis atos de vontade opostos, invocando nisso sua autoconsciência, que, acredita ele, declara isso. Pois ele confunde desejar com querer. Ele pode *desejar* coisas opostas[73], mas só pode *querer* uma delas: e qual seja ela, apenas *a ação* revela, mesmo à autoconsciência. No entanto, a autoconsciência nada pode conter sobre a necessidade normativa graças à qual, de desejos opostos, um deles e não o outro se transforma em ato de vontade e ação, justamente porque a autoconsciência recebe notícia do resultado de maneira inteiramente *a posteriori*, mas não o conhece *a priori*. Desejos opostos com seus motivos sobem e descem diante dela alternada e repetidamente: sobre cada um deles, ela afirma que ele se transformará em ação quando se transformar em ato de vontade. Pois é verdade que esta última possibilidade puramente *subjetiva* existe para cada um

---

73. Ver a respeito *Parerga und Paralipomena*, vol. II, seção 327 da primeira edição. (N.A.)

deles e é precisamente o "posso fazer o que quero". Mas essa possibilidade *subjetiva* é completamente hipotética: ela afirma apenas: "Se quero isso, posso *fazê-lo*". Só que a determinação exigida para o querer não está aí, visto que a autoconsciência contém apenas o querer, mas não as razões determinantes para o querer, que se encontram na consciência das outras coisas, isto é, na faculdade cognitiva. Em compensação, é a possibilidade *objetiva* que decide: porém esta se encontra fora da autoconsciência, no mundo dos objetos, ao qual pertencem o motivo e o ser humano como objeto, sendo por isso alheia à autoconsciência e pertencente à consciência das outras coisas. Essa possibilidade *subjetiva* é do mesmo tipo que a possibilidade encontrada na pedra de produzir centelhas, mas que é condicionada pelo aço, ao qual se liga a possibilidade *objetiva*. Voltarei a isso a partir de outro ângulo, no próximo capítulo, no qual não consideraremos mais a vontade de dentro, como aqui, mas de fora, investigando assim a possibilidade *objetiva* do ato de vontade: então, depois de ter sido dessa forma iluminado de dois lados distintos, o assunto obterá sua plena clareza e também será elucidado por exemplos.

Assim, o sentimento encontrado na autoconsciência de que "posso fazer o que quero" nos acompanha constantemente, mas significa apenas que as decisões, ou atos resolutos de nossa vontade, embora se originem nas profundezas obscuras de nosso interior, sempre passarão logo para o mundo da intuição, visto que nosso corpo, como todo o resto, a ele pertence. Essa consciência forma a ponte entre o mundo interior e o exterior, que de outro modo permaneceriam separados por um abismo sem fundo, pois então se encontrariam no segundo meras intuições, independentes de nós em todos os sentidos, na condição de objetos – e no primeiro, somente atos de vontade malogrados e meramente sentidos. – Se questionássemos uma pessoa absolutamente ingênua, ela expressaria mais ou menos assim essa consciência imediata que tão frequentemente é julgada como a consciência de um suposto livre-arbítrio: "Posso fazer o que quero: se quiser ir para a esquerda, irei para a esquerda: se quiser ir para a direita, irei para a direita. Isso depende inteiramente de minha vontade: portanto, sou livre". Essa declaração é sem dúvida completamente verdadeira e correta: acontece que, nela, a vontade já está no pressuposto: pois ela supõe que a vontade já se decidiu: assim, por meio disso nada se pode encontrar sobre seu próprio estado de liberdade. Pois essa declaração não fala de modo algum da dependência ou independência da *ocorrência* do próprio ato da vontade, e sim apenas das *consequências* desse ato tão logo ocorra, ou, para falar mais precisamente, de sua aparição inevitável como ação do corpo. Porém, é unicamente a consciência que se encontra na base dessa declaração que faz o ingênuo, isto é, o homem filosoficamente grosseiro, que não obstante pode ser um grande erudito em outras especialidades, considerar que o livre-arbítrio é algo tão imediatamente certo a ponto de declará-lo como verdade indubitável e no fundo não conseguir acreditar de maneira alguma que os filósofos duvidaram dele a sério, mas julgar em seu coração que todo o falatório a respeito é um mero exercício de esgrima da dialética escolar e, no fundo, uma brincadeira. Mas precisamente porque a certeza, sem dúvida importante, que lhe é dada por aquela consciência lhe está sempre tão à mão, e porque o homem, além disso, como um ser prioritária e essencialmente prático, não teórico, se torna consciente de modo muito mais claro do aspecto ativo de seus atos de vontade, isto é, o de sua eficácia, que do aspecto *passivo*, isto é, o de sua dependência, torna-se difícil fazer inteligível ao homem filosoficamente grosseiro o verdadeiro sentido de nosso problema e levá-lo a compreender que agora a questão não se refere às *consequências*, e sim às *razões* de cada querer seu; é verdade que seu *agir* depende inteiramente de seu *querer*, mas agora se exige saber do que depende *seu querer mesmo*, se de absolutamente nada ou de alguma coisa. Ele pode por certo *fazer* uma coisa se quiser e, da mesma forma, *fazer* outra se quiser: mas caberia agora que ele refletisse se afinal também é capaz de *querer* tanto uma coisa quanto a outra. Se, com essa intenção, colocarmos a questão aproximadamente desta forma à pessoa: "Poderás realmente, dentre desejos opostos surgidos dentro de ti, obedecer tanto a um quanto a outro? Por exemplo, numa escolha entre dois objetos de posse mutuamente excludentes, preferir tanto um quanto o outro?", ela responderá: "Talvez a escolha me seja difícil: no entanto, sempre dependerá inteiramente de mim que eu *queira* escolher uma coisa ou outra, e de nenhuma outra força: tenho aí plena liberdade de escolher a que eu *quiser* e, nisso, sempre obedecerei inteiramente à minha vontade". – No entanto, se perguntarmos: "Mas o teu querer mesmo, do que depende?", então a pessoa responde a partir da autoconsciência: "De nada a não ser de mim! Posso querer o que quero: o que quero, isso eu quero". – E diz essas últimas palavras sem visar a tautologia ou mesmo sequer se apoiar, no mais recôndito de sua consciência, no princípio da identidade, graças ao qual, unicamente, isso é verdadeiro. Mas, pressionada aqui ao extremo, fala de um querer de seu querer, o que é como se falasse de um eu de seu eu. Nós a impelimos de volta ao cerne de sua autoconsciência, onde encontra seu eu e sua vontade como coisas indistinguíveis, mas nada resta para julgar ambos. Saber se por ocasião daquela escolha seu *querer mesmo* referente a uma coisa e não à outra, visto que sua pessoa e os objetos da escolha são aceitos aqui como dados, também poderia talvez ter sido diferente do que afinal foi; ou se, graças aos dados recém-mencionados, esse querer estava tão necessariamente fixado quanto o fato de o maior lado do triângulo estar diante do maior ângulo, eis uma questão tão distante da *autoconsciência* natural que não é sequer possível trazê-la ao seu entendimento, muito menos que ela tenha a resposta pronta dentro de si, ou mesmo apenas como germe não desenvolvido, e apenas precisasse dá-la ingenuamente. – Conforme indicado, portanto, a pessoa ingênua e filosoficamente grosseira sempre buscará se refugiar da perplexidade – que a questão tem de provocar quando realmente compreendida – por trás daquela certeza imediata de que "o que quero, posso fazê-lo, e quero o que quero", como foi dito acima. Ela tentará fazer isso repetidamente, vezes sem conta, de modo que será difícil levá-la a deter-se diante da verdadeira questão, da qual sempre busca se esquivar. E não se pode levá-la a mal por isso: pois a questão é de fato extremamente espinhosa. Ela coloca sua mão inquiridora na essência mais íntima do ser humano: ela quer saber se também ele, como todo o resto no mundo, é um ser definido de uma vez por todas por sua própria constituição, um ser que, como todos os outros na natureza, tem suas qualidades determinadas, constantes, das quais resultam necessariamente suas reações a motivos externos que surgem, reações que portam assim seu caráter imutável sob esse aspecto e que, por conseguinte, naquilo que nelas talvez seja modificável, estão inteiramente abandonadas à determinação pelos motivos de fora; ou se somente ele constitui uma exceção em toda a natureza. Se, no entanto, for finalmente possível fazê-lo deter-se diante dessa tão espinhosa questão e tornar-lhe claro que aqui se investiga a origem de seus atos de vontade mesmos, a eventual regra ou inteira ausência delas em seu surgimento, descobriremos que a autoconsciência imediata não contém qualquer informação a respeito, pois mesmo aqui o homem ingênuo se afasta dela e manifesta sua desorientação por meio de reflexões e todo gênero de tentativas de explicação cujas razões tenta tomar ora da experiência que teve de si mesmo e dos outros, ora de regras gerais do entendimento, mas mostrando nisso à saciedade, pela insegurança e vacilação de suas explicações, que sua autoconsciência imediata não oferece qualquer informação sobre a questão corretamente compreendida, tal como antes as tinha logo prontas em relação à questão erroneamente compreendida. Isso se deve, em última análise, ao fato de a vontade do ser humano ser seu genuíno si mesmo, o verdadeiro cerne de seu ser: por isso, ela constitui o fundamento de sua consciência como algo simplesmente dado e existente além do qual ele não pode ir. Pois ele mesmo é como quer ser e quer ser como é. Por isso, perguntar-lhe se também poderia querer de maneira diferente do que quer significa perguntar-lhe se também poderia ser outro que não ele mesmo: e isso ele não sabe. Precisamente por isso, se o filósofo, que se distingue do ingênuo apenas pelo exercício, quiser atingir a clareza nesse assunto difícil, deve voltar-se a seu entendimento, que fornece conhecimentos *a priori*, à razão, que reflete sobre eles, e à experiência, que lhe apresenta seu agir e o dos outros para interpretação e verificação de tal conhecimento via entendimento, como a última e única instância competente, cuja decisão não será na verdade tão fácil, tão imediata e simples quanto a da autoconsciência, mas, em compensação, será pertinente e suficiente. Foi a cabeça que levantou a questão, e também ela tem de respondê-la.

De resto, não deve nos admirar que a autoconsciência imediata não tenha resposta a apresentar àquela questão abstrusa, especulativa, difícil e espinhosa. Pois essa é uma parte bastante limitada do conjunto de nossa consciência, que, obscura em seu interior, está voltada inteiramente para fora com todas as suas forças objetivas de cognição. Todos os seus conhecimentos completamente seguros, isto é, certos *a priori*, referem-se afinal apenas ao mundo exterior e, aí, ela pode decidir com segurança, segundo certas leis gerais radicadas nela mesma, o que lá fora é possível, o que é impossível e o que é necessário, realizando por essa via, *a priori*, matemática pura, lógica pura e até ciências fundamentais da natureza puras. De imediato, a aplicação de suas formas conscientes *a priori* aos dados proporcionados pela percepção sensorial lhe fornece o mundo externo da intuição, real, e, com isso, a experiência: ulteriormente, a aplicação da lógica, e da capacidade de pensamento que está em sua base, a esse mundo externo proporcionará os conceitos e o mundo dos pensamentos, e, por meio deles, por sua vez, as ciências, seus feitos etc. *Lá fora*, portanto, há diante de seu olhar grande luminosidade e clareza. Mas *por dentro* é escuro, como num telescópio bem pintado de preto: nenhum princípio *a priori* ilumina a noite de seu próprio interior; esses faróis irradiam apenas para fora. Diante do chamado sentido interno, conforme tratado acima, não há nada senão a própria vontade, a cujos movimentos também cabe de fato atribuir todos os chamados sentimentos internos. Porém, tudo o que essa percepção interior da vontade oferece se reduz, como foi mostrado anteriormente, a querer e não querer, junto com a celebrada certeza "o que *quero*, posso *fazê-lo*", que na verdade significa: "Vejo cada ato de minha vontade apresentar-se de imediato (de uma maneira que me é inteiramente incompreensível) como uma ação de meu corpo" – e que, em termos estritos, é um princípio da experiência para o sujeito cognoscente. Indo além disso, não há nada a encontrar aqui. Para a questão levantada, portanto, o tribunal consultado é incompetente: em seu verdadeiro sentido, ela não pode de forma alguma ser trazida diante dele, visto que ele não a compreende.

    Resumirei agora mais uma vez, numa formulação mais breve e mais fácil, a resposta recebida da autoconsciência à nossa questão. A *autoconsciência* de cada um declara com bastante clareza que ele pode fazer o que quer. Mas, como ações inteiramente opostas também podem ser pensadas como algo que ele *quis*, resulta disso que ele também possa fazer algo oposto *se ele quiser*. Porém, o entendimento grosseiro confunde isso com o fato de ele também poder *querer* algo oposto num caso dado, e chama isso de *livre-arbítrio*. Só que o fato de ele poder *querer* algo oposto num caso dado simplesmente não está contido na afirmação acima, mas apenas que entre duas ações opostas, caso *queira esta*, poderá executá-la, e caso *queira aquela*, também poderá executá-la: contudo, através disso não se descobre se ele *pode querer* tanto uma delas como a outra num caso dado, e isso é objeto de uma investigação mais profunda do que se possa decidir pela mera autoconsciência. A fórmula mais breve para esse resultado, embora escolástica, seria: a declaração da autoconsciência refere-se à vontade apenas *a parte post*[74]; a questão sobre a liberdade, por outro lado, *a parte ante*.[75] – Assim, aquela declaração inegável da autoconsciência, "posso fazer o que quero", não contém e não decide absolutamente nada sobre o livre-arbítrio, que consistiria no fato de cada ato de vontade mesmo, em cada caso individual, ou seja, considerando um caráter individual dado, não ser necessariamente determinado pelas circunstâncias exteriores nas quais esse homem se encontrasse, mas poderia ter um resultado e também outro. No entanto, a autoconsciência se mantém inteiramente muda acerca disso: pois o assunto está inteiramente fora de seu âmbito, visto que ele repousa na

---

74. Da parte do que vem depois. (N.T.)

75. Da parte do que vem antes. (N.T.)

relação causal entre o mundo exterior e o ser humano. Quando se pergunta a uma pessoa de são entendimento, mas sem formação filosófica, no que afinal consiste o livre-arbítrio, que ela afirma com tanta confiança com base na declaração de sua autoconsciência, ela responderá: "No fato de eu poder fazer o que quero desde que não seja fisicamente impedido". Ou seja, ela sempre falará da relação de seu *agir* com seu *querer*. Mas esta, conforme mostrado no primeiro capítulo, ainda é meramente a liberdade *física*. Se então continuarmos a indagação e lhe perguntarmos se ela poderia *querer* tanto uma coisa quanto o seu oposto num caso dado, ela sem dúvida responderá afirmativamente em meio à exaltação inicial: porém, tão logo comece a compreender o sentido da pergunta, também começará a ficar hesitante, por fim cairá na insegurança e na confusão, buscando salvar-se delas mais uma vez, de preferência, atrás de seu tema "posso fazer o que quero", entrincheirando-se aí contra todas as razões e todo raciocínio. Mas a resposta retificada a seu tema, como espero mostrar sem sombra de dúvida no próximo capítulo, seria esta: "Podes *fazer* o que *queres*: mas em cada instante dado de tua vida só podes *querer* uma coisa definida e absolutamente nenhuma outra senão essa única".

A explanação contida neste capítulo já responderia, no fundo, a questão da Real Sociedade, e negativamente, embora apenas quanto ao principal, pois também essa exposição do estado de coisas na autoconsciência ainda receberá algum complemento no que segue. Mas, em *um* caso, ainda existe uma verificação para essa nossa resposta negativa. Pois se agora nos dirigíssemos com a questão àquele tribunal ao qual fomos remetidos no que precede como o único competente, a saber, ao entendimento puro, à razão que reflete sobre os dados deste e à experiência que segue a ambos, e seu veredito fosse porventura que um *liberum arbitrium* absolutamente não existe, mas que a ação do ser humano, como todas as outras coisas na natureza, sucede como um efeito que se produz necessariamente em cada caso dado, então isso ainda nos daria a certeza de que na autoconsciência imediata *sequer se poderiam encontrar* dados a partir dos quais o buscado *liberum arbitrium* se deixaria demonstrar; através do que, mediante a dedução *a non posse ad non esse*[76], que é o único caminho possível para constatar *a priori* verdades *negativas*, nosso veredito receberia, além da fundamentação empírica apresentada até aqui, ainda uma fundamentação racional, o que portanto o asseguraria duplamente. Pois uma contradição decisiva entre as declarações imediatas da autoconsciência e os resultados extraídos dos fundamentos do entendimento puro, junto com a aplicação destes à experiência, não pode ser presumida como possível: nossa autoconsciência não pode ser mendaz dessa maneira. Cabe observar, a propósito, que mesmo a suposta antinomia

---

76. Do não ser possível ao não ser. (N.E.)

estabelecida por Kant sobre esse tema[77], mesmo em sua própria obra, não surge talvez pelo fato de tese e antítese terem fontes cognitivas distintas, uma delas partindo talvez de declarações da autoconsciência, e a outra, da razão e da experiência, mas tese e antítese raciocinam ambas a partir de motivos aparentemente objetivos; nisso, porém, a tese não se baseia em outra coisa senão na razão indolente, isto é, na necessidade de deter-se alguma vez na regressão[78], mas a antítese, em compensação, tem a seu favor todos os motivos objetivos.

Por conseguinte, essa investigação *indireta* a ser agora empreendida, que se atém ao campo da faculdade cognitiva e do mundo externo que está diante dela, lançará ao mesmo tempo muita luz para trás, sobre a investigação *direta* feita até aqui, servindo assim à sua complementação ao descobrir as ilusões naturais que surgem da falsa interpretação daquela declaração tão extremamente simples da autoconsciência quando esta entra em conflito

---

77. Ver *Crítica da razão pura*, B472-473. A terceira das quatro antinomias da razão pura diz: "Tese. A causalidade segundo as leis da natureza não é a única da qual os fenômenos do mundo em seu todo podem ser derivados. Para sua explicação, ainda se faz necessário supor uma causalidade pela liberdade. [...] Antítese. Não há liberdade, mas tudo no mundo acontece meramente segundo as leis da natureza". (N.T.)

78. Passagem dos efeitos às causas, das consequências aos princípios, do composto ao simples, do todo à parte. (N.T.)

com a consciência das outras coisas, que é a faculdade cognitiva e que, com a autoconsciência, radica num único e mesmo sujeito. Sim, apenas ao final dessa investigação indireta obteremos alguma luz sobre o verdadeiro sentido e conteúdo daquele "eu quero" que acompanha todas as nossas ações e sobre a consciência da originalidade e soberania graças às quais elas são *nossas* ações; e somente assim a investigação direta conduzida até aqui receberá sua finalização.

III

A vontade diante da consciência das outras coisas

Se agora nos voltamos à faculdade cognitiva com nosso problema, sabemos de antemão que, como essa faculdade se dirige essencialmente para fora, a vontade não pode ser para ela um objeto da percepção imediata como fora para a autoconsciência, todavia julgada incompetente em nosso assunto, mas que aqui só podem ser considerados os *seres* dotados de uma vontade, seres que se encontram diante da faculdade cognitiva como fenômenos objetivos e externos, isto é, como objetos da experiência, e que cabe investigar e julgar a partir de agora como tais, em parte segundo regras universais para a experiência em geral conforme sua possibilidade, fixas e certas *a priori*, em parte segundo os fatos que a experiência acabada e realmente existente fornece. Ou seja, não estamos mais lidando aqui, como antes, com a *vontade* mesma tal como ela se mostra apenas ao sentido interior, mas com os *seres* querentes, *movidos pela vontade*, que são objetos dos sentidos exteriores. Ainda que isso nos coloque na desvantagem de precisarmos observar o genuíno objeto de nossa pesquisa apenas indiretamente e a uma distância maior, tal desvantagem será compensada pela vantagem de agora podermos nos servir em nossa investigação de um órgão muito mais aprimorado do que fora a obscura, embotada e unilateral autoconsciência direta, o chamado sentido interior: a saber, do *entendimento* munido de todos os sentidos exteriores e de todas as forças para a compreensão *objetiva*.

Como forma mais universal e fundamentalmente essencial desse entendimento encontramos a *lei da causalidade*, visto que é inclusive apenas por sua mediação que se produz a intuição do mundo externo real quando, com esta, apreendemos de imediato e de maneira inteiramente direta como "*efeitos*" as afecções e mudanças sentidas em nossos órgãos sensoriais e (sem instrução, ensinamento ou experiência) passamos de modo instantâneo desses efeitos a suas "*causas*", que, a partir de então, precisamente devido a esse processo compreensivo, se apresentam como *objetos no espaço*.[79] Disso se evidencia de maneira incontestável que a *lei da causalidade* nos é consciente *a priori*, logo, como *necessária* no que diz respeito à possibilidade de toda experiência em geral, sem que precisássemos da prova indireta, difícil e até insatisfatória dada

---

79. A explicação pormenorizada dessa doutrina encontra-se no tratado *Ueber die vierfache Wurzel des Satzes vom zureichenden Grunde* [Sobre a raiz quádrupla do princípio da razão suficiente], seção 21 da segunda edição. (N.A.)

por Kant para essa importante verdade. A lei da causalidade é estabelecida *a priori* como regra geral à qual estão submetidos sem exceção todos os objetos reais do mundo exterior. Ela deve essa falta de exceções precisamente à sua aprioridade. Essa mesma lei se refere essencial e exclusivamente a *modificações*, e significa que onde e quando alguma coisa no mundo objetivo, real e material, grande ou pequena, se *modifica* muito ou pouco, alguma outra coisa também precisa ter se *modificado* necessariamente logo *antes*, e, para que *esta* se *modificasse*, outra, por sua vez, precisa ter se modificado *antes dela*, e assim até o infinito, sem que alguma vez se pudesse ver, ou sequer pensar como possível e muito menos pressupor, algum ponto de partida dessa série regressiva de modificações que preenche o tempo tal como a matéria preenche o espaço. Pois a questão que se renova incansavelmente, "o que produziu essa modificação?", jamais permite ao entendimento um derradeiro ponto de repouso, por mais que ele se canse: razão pela qual uma causa primeira é exatamente tão impensável quanto um começo do tempo ou um limite do espaço. – A lei da causalidade diz não menos que, se a modificação anterior – *a causa* – ocorreu, a modificação posterior produzida por meio dela – *o efeito* – tem de ocorrer de maneira totalmente inevitável, portanto, de *modo necessário*. Através desse caráter de *necessidade*, a lei da causalidade se afirma como uma configuração do *princípio da razão*, que é a forma mais universal de toda a nossa faculdade cognitiva e que, assim como aparece no mundo real como causalidade, aparece no mundo do pensamento como lei lógica do fundamento cognitivo e, mesmo no espaço vazio, mas intuído *a priori*, como lei da dependência estritamente necessária da posição de todas as partes deste entre si – dependência necessária cuja demonstração especial e pormenorizada é o único tema da geometria. Precisamente por isso, conforme já expliquei no início, *ser necessário* e *ser consequência de uma razão dada* são conceitos intercambiáveis.

Assim, todas as *modificações* que acontecem nos objetos concretos situados no mundo exterior real estão submetidas à lei da *causalidade*, ocorrendo por isso, quando e onde ocorrem, sempre como *necessárias* e inevitáveis. – Não pode haver uma exceção a isso, visto que a regra está estabelecida *a priori* para qualquer possibilidade da experiência. Porém, em relação à sua *aplicação* a um caso dado, cabe apenas perguntar se se trata de uma *modificação* de um objeto real dado na experiência externa: tão logo o seja, suas modificações se submetem à aplicação da lei da causalidade, isto é, têm de ser produzidas por uma causa e, precisamente por isso, *de modo necessário*.

Se agora, com nossa regra universal, certa *a priori* e, por isso, válida sem exceções para toda experiência possível, nos aproximarmos mais dessa experiência mesma e observarmos os objetos reais dados nela, a cujas eventuais mudanças nossa regra se refere, logo percebemos nesses objetos algumas diferenças capitais profundas, segundo as quais também são classificados desde muito tempo: a saber, parte deles são inorgânicos, isto é, sem vida, e parte são orgânicos, isto é, vivos, e destes, por sua vez, parte são plantas, parte são animais. Vemos estes últimos, por sua vez, ainda que semelhantes entre si no essencial e correspondendo a seu conceito, numa escala de perfeição extremamente variada e sutilmente nuançada, que vai dos que ainda são parentes próximos da planta, difíceis de se distinguir dela, e sobe até os mais perfeitos, que correspondem da maneira mais completa ao conceito de animal: no topo dessa escala vemos o ser humano – nós mesmos.

Se agora, sem nos deixarmos confundir por essa variedade, observarmos todos esses seres em conjunto apenas como objetos da experiência concretos e reais, e avançarmos, consequentemente, à aplicação de nossa lei da causalidade, estabelecida *a priori* para a possibilidade de toda experiência, às modificações que porventura ocorram com tais seres, veremos que sem dúvida a experiência resulta por toda parte conforme a lei certa *a priori*, mas que à grande *diferença*, por nós recordada, na essência de todos esses objetos da experiência também corresponde uma modificação, a eles apropriada, na maneira como a causalidade faz valer neles seu direito. Mais precisamente: correspondendo à tríplice distinção entre corpos inorgânicos, plantas e animais, a causalidade que rege todas as suas modificações também se mostra sob três formas, a saber, como *causa* no sentido mais estrito da palavra, ou como *estímulo*, ou como *motivação* – sem que essa modificação prejudique minimamente sua validade *a priori* e, por conseguinte, a necessidade do resultado por ela estabelecida.

A *causa* no sentido mais estrito da palavra é aquela graças à qual ocorrem todas as modificações mecânicas, físicas e químicas dos objetos da experiência. Ela se caracteriza sempre por dois sinais distintivos: em primeiro lugar, pelo fato de nela encontrar sua aplicação a terceira lei fundamental de Newton, "ação e reação são iguais entre si": isto é, o estado precedente, que se chama causa, experimenta uma modificação igual à do posterior, que se chama efeito. – Em segundo lugar, pelo fato de o grau do efeito, conforme a segunda lei de Newton, ser sempre exatamente correspondente ao grau da causa; por conseguinte, uma intensificação desta também produz uma igual intensificação daquele, de maneira que, uma vez conhecido o tipo de efeito, de imediato também se pode conhecer, medir e calcular o grau deste a partir do grau de intensidade da causa, e vice-versa. Porém, na aplicação empírica desse segundo sinal distintivo não se pode confundir o verdadeiro efeito com seu fenômeno manifesto. Por exemplo, durante a compressão de um corpo, não se pode esperar que seu volume diminua sem cessar na proporção em que a força compressora aumenta. Pois o espaço no qual se força o corpo sempre diminui e, por conseguinte, a resistência sempre aumenta: e ainda que também aqui o verdadeiro efeito, que é a compressão, aumente realmente segundo a medida da causa, conforme diz a lei de Mariotte, não cabe contudo compreender isso a partir daquele seu fenômeno manifesto. Além disso, o calor transmitido à água produzirá aquecimento até certo grau, mas, além desse grau, apenas rápida evaporação[80]: contudo, nesta última volta a existir a mesma proporção entre o grau da causa e o do efeito: e assim é em muitos casos. Tais *causas no mais estrito sentido* são as que produzem as modificações de todos os corpos *sem vida*, isto é, *inorgânicos*. O conhecimento e a pressuposição de causas desse tipo regem a consideração de todas as modificações que são o objeto da mecânica, da hidrodinâmica, da física e da química. Por isso, a determinação exclusiva por causas desse único tipo é o sinal distintivo genuíno e essencial de um corpo inorgânico ou sem vida.

O segundo tipo de causas é o *estímulo*, quer dizer, aquela causa que, em primeiro lugar, não

---

80. Na primeira edição norueguesa: "Além disso, em muitos casos, o inteiro tipo de ação se modificará de uma só vez dados certos e determinados graus de influência, na verdade porque o tipo de reação se modifica, pois o tipo desta até então existente se esgotou num corpo de tamanho finito; assim, por exemplo, o calor transmitido à água etc.". (N.E.)

sofre ela própria *qualquer* reação proporcional à sua ação, e na qual, em segundo lugar, não há absolutamente qualquer proporcionalidade entre sua intensidade e a intensidade do efeito. Logo, o grau do efeito não pode aqui ser medido e determinado de antemão pelo grau da causa: pelo contrário, um pequeno aumento do estímulo pode causar um aumento muito grande do efeito, ou, inversamente, também pode suprimir por inteiro o efeito anterior e até produzir um efeito oposto. Por exemplo: como se sabe, as plantas podem ser impulsionadas a um crescimento extraordinariamente rápido pelo calor ou também pela cal misturada à terra, pois essas causas atuam como estímulos de sua força vital: porém, se aí o grau apropriado de estímulo é um pouco ultrapassado, o resultado será a morte da planta em vez da vitalidade aumentada e acelerada. Da mesma forma, também podemos concentrar e aumentar consideravelmente nossas forças intelectuais através do vinho ou do ópio, mas se a justa medida do estímulo for ultrapassada o resultado será exatamente o oposto. – São as causas desse tipo, ou seja, os *estímulos*, que determinam todas as modificações dos organismos *como tais*. Todas as modificações e desenvolvimentos das plantas e todas as modificações meramente orgânicas e vegetativas – ou funções – dos corpos animais ocorrem à base de *estímulos*. É dessa maneira que agem sobre eles a luz, o calor, o ar, o alimento, cada fármaco, cada contato, a fecundação etc. – Enquanto a vida dos animais ainda possui uma esfera inteiramente diferente, da qual logo falarei, toda a vida das *plantas*, por outro lado, transcorre de modo exclusivo de acordo com *estímulos*. Toda a sua assimilação, seu crescimento, sua busca por alcançar a luz com a copa, por alcançar um solo melhor com as raízes, sua fecundação, germinação etc. são modificações à base de *estímulos*. Em algumas poucas espécies acrescenta-se ainda um movimento rápido e peculiar, que também acontece apenas à base de estímulos, devido ao qual, contudo, são chamadas de plantas sensitivas. Como se sabe, as principais são a *Mimosa pudica*, o *Hedysarum gyrans* e a *Dionaea muscipula*.[81] O fato de serem determinadas exclusivamente e sem exceção por *estímulos* constitui o caráter das plantas. Por isso, é *planta* todo corpo cujos movimentos e modificações peculiares, adequados à sua natureza, ocorrem sempre e exclusivamente à base de *estímulos*.

O terceiro tipo de causas moventes é o que marca o caráter dos *animais*: é a *motivação*, isto é, a causalidade que passa pelo *conhecer*. Na escala dos seres naturais, ela ocorre no ponto em que o ser mais complexo e, por isso, possuidor de necessidades mais variadas, não podia mais satisfazê-las meramente por ensejo do estímulo, que tem de ser aguardado, mas tinha de ser capaz de escolher, agarrar e até mesmo buscar os meios de satisfação.

---

81. A dormideira, o hedísaro e a dioneia, ou apanha-moscas, uma planta carnívora. (N.T.)

Por isso, em seres desse tipo entra no lugar da mera receptividade para *estímulos* e do movimento baseado neles a receptividade para *motivos*, quer dizer, uma faculdade de representação, um intelecto, em inúmeras gradações de perfeição, apresentando-se materialmente sob a forma de sistema nervoso e cérebro, e, precisamente com eles, consciência. É sabido que a vida animal tem por fundamento uma vida vegetal que, como tal, ocorre apenas à base de *estímulos*. Porém, todos os movimentos que o animal executa enquanto *animal* e que, precisamente por isso, dependem do que a fisiologia chama de *funções animais* ocorrem em consequência de um objeto conhecido, ou seja, *com base em motivos*. Assim, é um *animal* todo corpo cujos movimentos e modificações exteriores, peculiares e apropriados à sua natureza acontecem sempre *com base em motivos*, quer dizer, em certas *representações* presentes à sua consciência já pressuposta. Por mais infinitas que possam ser na série dos animais as gradações da capacidade para representações e, precisamente com ela, da consciência, há em cada um deles o bastante dessa capacidade para que ele seja capaz de representar o motivo e para que este provoque seu movimento: nisso, a força movente interior, cuja expressão particular é suscitada pelo motivo, manifesta-se à autoconsciência ora existente como aquilo que designamos com a palavra *vontade*.

Porém, mesmo para a observação de fora, que é o nosso ponto de vista aqui, jamais pode haver dúvida quanto ao fato de um determinado corpo se mover à base de *estímulos* ou de *motivos*: tão evidentemente distintos são os modos de ação de um estímulo e de um motivo. Pois o estímulo atua sempre por contato direto ou mesmo por intussuscepção, e mesmo quando tal contato não é visível, como nos casos em que o estímulo é o ar, a luz ou o calor, ele não obstante se revela pelo fato de o efeito ser inequivocamente proporcional à duração e à intensidade do estímulo, ainda que essa proporção não se mantenha a mesma para todos os graus de estímulo. Onde, pelo contrário, um *motivo* causa o movimento, todas essas diferenças são abolidas por inteiro. Pois, nesse caso, o verdadeiro e mais próximo meio de influência não é a atmosfera, mas tão somente o *conhecimento*. O objeto que atua como motivo não requer absolutamente nada senão ser *percebido, conhecido*, e é inteiramente indiferente por quanto tempo, com que proximidade ou distância e com que clareza ele chegou à apercepção. Todas essas diferenças não modificam de forma alguma o grau do efeito: tão logo o objeto apenas seja percebido, ele age da mesmíssima maneira, pressupondo-se que ele realmente seja uma razão determinante da vontade a ser aqui incitada. Pois também as causas físicas e químicas, tal como os estímulos, agem igualmente apenas se o corpo a ser afetado for *receptivo* a eles. Acabei de dizer "da vontade a ser aqui incitada": pois, como já foi mencionado, o que é designado pela palavra *vontade* manifesta-se ao ser mesmo, interior e diretamente, como aquilo que propriamente confere ao motivo a força de agir, a mola secreta do movimento suscitado por este. No caso dos corpos que se movem exclusivamente à base de estímulos (plantas) chamamos essa condição interior persistente de força vital; no caso dos corpos que se movem meramente à base de causas no mais estrito sentido nós a chamamos de força natural ou qualidade: ela sempre será pressuposta pelas explicações como sendo o inexplicável, pois aqui não há no interior dos seres uma autoconsciência à qual ela fosse diretamente acessível. No entanto, saber se essa condição interna de reação a causas externas, encontrada em tais seres desprovidos de conhecimento e inclusive de vida, seria – caso se quisesse, partindo do *fenômeno em geral*, investigar o que Kant chama de coisa em si – porventura idêntica em sua essência àquilo que chamamos em nós de *vontade*, conforme um filósofo moderno realmente nos quis demonstrar – eis uma questão que deixarei de lado, sem no entanto querer propriamente contradizê-lo.[82]

Em contrapartida, não posso deixar sem explicação a diferença que, no caso da motivação, gera a marca distintiva da consciência humana frente a toda consciência animal. Tal marca, designada propriamente pela palavra *razão*, consiste no fato

---

82. Compreende-se que aqui me refiro a mim mesmo e que não pude falar na primeira pessoa devido ao exigido anonimato. (N.A.)

de o ser humano não ser capaz, como o animal, da mera apreensão *intuitiva* do mundo externo, mas conseguir abstrair dele conceitos gerais (*notiones universales*) que, para poder fixá-los e retê-los em sua consciência sensível, ele designa com palavras e então empreende com elas inúmeras combinações, que sempre, é verdade, assim como os conceitos dos quais são formadas, referem-se ao mundo conhecido intuitivamente, mas na realidade constituem o que chamamos de *pensar* e mediante o qual se tornam possíveis os grandes méritos do gênero humano frente a todos os outros, a saber, a linguagem, a reflexão, o olhar retrospectivo ao passado, a preocupação pelo futuro, a intenção, o propósito, a ação planejada e conjunta de muitos, o Estado, as ciências, as artes etc. Tudo isso repousa sobre essa única capacidade de ter representações não intuitivas, abstratas e gerais que chamamos de *conceitos* (isto é, as essências das coisas), pois cada um deles compreende em si muitas coisas individuais.[83] Os animais carecem dessa capacidade, mesmo os mais inteligentes; por isso, eles não têm senão representações *intuitivas* e, em consequência, só conhecem o imediatamente presente, vivem apenas no presente. Por essa razão, os motivos que movem sua vontade têm de ser sempre intuitivos e presentes. A consequência disso, porém, é o fato de lhes ser

---

83. Em alemão, *conceito*, *essência* e *compreender* são, respectivamente, *Begriff*, *Inbegriff* e *begreifen*, termos cuja raiz comum é *greifen*, "pegar", "agarrar". (N.T.)

concedida pouquíssima *escolha*, mais exatamente, apenas entre aquelas coisas que se apresentam de modo intuitivo a seu limitado horizonte e à sua limitada faculdade de compreensão, ou seja, apenas aquelas coisas atuais no tempo e no espaço, dentre as quais a mais forte como motivo determina de imediato sua vontade, razão pela qual a causalidade do motivo torna-se aqui muito evidente. Uma exceção *aparente* é o *adestramento*, que é o medo atuando graças ao expediente do costume; uma exceção até certo ponto *real* é o instinto, na medida em que graças a ele, no *todo* de seu modo de agir, o animal não é colocado em movimento propriamente por motivos, mas por um ímpeto e um impulso interiores, que, no entanto, nos pormenores das *ações particulares* e a cada instante, obtêm sua determinação mais imediata, por sua vez, de motivos; ou seja, tal ímpeto e tal impulso retornam à regra. A elucidação pormenorizada do instinto me afastaria muito de meu tema; dedico-lhe o capítulo 27 do segundo volume de minha obra capital. – O ser humano, em contrapartida, graças à sua capacidade para representações *não intuitivas* mediante as quais *pensa e reflete*, tem um horizonte infinitamente mais amplo que abrange o ausente, o passado, o futuro: assim, ele tem uma esfera de influência por motivos e, por conseguinte, também de escolha, muito maior do que o animal, limitado ao estreito presente. Não são as coisas presentes à sua intuição sensível, presentes no tempo e no espaço, que determinam, via de regra, seu agir: são, isto sim, meros *pensamentos*, que ele carrega consigo por toda parte em sua cabeça e o tornam independente da impressão do presente. Mas quando eles fracassam em fazê-lo, chamamos sua ação de irracional: em compensação, ela é louvada como *racional* quando executada exclusivamente de acordo com pensamentos bem ponderados e, por isso, de modo inteiramente independente da impressão do presente intuitivo. Precisamente isso, o fato de o homem ser acionado por uma classe peculiar de representações (conceitos abstratos, pensamentos) que o animal não tem, é visível inclusive exteriormente ao imprimir a todo o seu agir, mesmo ao mais insignificante e até mesmo a todos os seus movimentos e passos, o caráter do *proposital e intencional*, pelo que suas atividades diferem de modo tão evidente das dos animais que é como se víssemos finos fios invisíveis, por assim dizer (os motivos que consistem de meros pensamentos), dirigindo seus movimentos, enquanto os dos animais são puxados pela corda grosseira e visível do que é intuitivamente presente. A diferença não vai mais longe, porém. O pensamento se transforma em *motivo* tal como a intuição se transforma em *motivo* tão logo ela consiga atuar sobre a vontade existente. Mas todos os motivos são causas, e toda causalidade traz consigo necessidade. Mediante sua faculdade de pensamento, o ser humano pode tornar presentes a si próprio em qualquer ordem, alternada e repetidamente, os motivos cuja influência percebe sobre sua vontade a fim de apresentá-los a ela, o que se chama *refletir*: ele é capaz de deliberação e, graças a essa capacidade, tem uma *escolha* muito maior do que é possível ao animal. Assim, ele é por certo *relativamente livre*, isto é, livre da coerção imediata dos objetos *intuitivamente presentes* que atuam como motivos sobre sua vontade, coerção à qual o animal está simplesmente subjugado: ele, por outro lado, determina-se independentemente dos objetos presentes, de acordo com pensamentos, que são *seus* motivos. Essa liberdade *relativa* também é provavelmente o que as pessoas instruídas mas que não pensam profundamente entendem no fundo por livre-arbítrio, que seria uma vantagem evidente do ser humano frente ao animal. Mas o livre-arbítrio é meramente *relativo*, a saber, em relação ao que é presente na intuição, e meramente *comparativo*, a saber, em comparação com o *animal*. Ele muda unicamente *o tipo* de motivação; em compensação, a *necessidade* do efeito dos motivos não é de forma alguma abolida ou sequer diminuída. O motivo *abstrato*, que consiste num mero *pensamento*, é uma causa externa que determina a vontade tanto quanto o motivo intuitivo, que consiste num objeto real, presente: logo, ele é uma causa como qualquer outra, sendo inclusive, como as outras, sempre algo real, material, ao repousar todas as vezes, afinal, numa impressão *de fora* recebida em algum momento e em algum lugar. A única vantagem desse motivo é o comprimento do fio condutor, e com isso quero dizer que ele não está preso a uma certa *proximidade* no espaço e no tempo, tal como os motivos meramente *intuitivos*, mas que ele pode atuar através da maior distância, durante o mais longo tempo e por uma mediação de conceitos e pensamentos num longo encadeamento: o que é uma consequência da constituição e eminente receptividade do órgão que primeiro experimenta e recebe sua influência, a saber, o cérebro humano, ou a *razão*. Mas isso não abole de forma alguma sua *causalidade* e a *necessidade* com ela instaurada. Assim, apenas uma perspectiva muito superficial poderá tomar essa liberdade relativa e comparativa por uma liberdade absoluta, por um *liberum arbitrium indifferentiae*. A capacidade de deliberação que surge por meio dela não resulta de fato em outra coisa senão no bastante frequentemente desagradável *conflito de motivos*, presidido pela irresolução e cujo campo de batalha é a totalidade do ânimo e da consciência do ser humano. Pois este deixa os motivos testarem repetidamente sua força uns contra os outros sobre sua vontade, o que faz com que esta caia na mesma situação em que se encontra um corpo sobre o qual atuam diferentes forças em direções opostas – até que, por fim, o motivo decididamente mais forte derrote os outros e determine a vontade, desfecho que se chama de decisão e, como resultado da luta, ocorre com total *necessidade*.

Se agora abarcarmos mais uma vez toda a série de formas da causalidade, na qual se distinguem nitidamente uns dos outros as *causas* no mais estrito sentido da palavra, depois os *estímulos* e, por fim, os *motivos*, que, por sua vez, se dividem em intuitivos e abstratos, perceberemos que ao percorrer a série dos seres sob esse aspecto de baixo para cima, a causa e o efeito se afastam cada vez mais um do outro, separam-se mais nitidamente e se tornam mais heterogêneos, tornando-se a causa cada vez menos material e palpável, e parecendo, por isso, haver cada vez menos na causa e cada vez mais no efeito; pelo que, em suma, o nexo entre causa e efeito perde em inteligibilidade e compreensibilidade imediatas. Isto é, tudo o que acabou de ser mencionado é minimamente o caso na causalidade *mecânica*, que, por isso, é a mais *inteligível* de todas: donde se originou no século passado o falso empenho, ainda conservado na França, mas recentemente também surgido na Alemanha, de reduzir todas as outras a ela e explicar todos os processos físicos e químicos a partir de causas mecânicas, e a partir deles, por sua vez, o processo vital. O corpo que se choca move o corpo em repouso e perde a exata quantidade de movimento que comunica: aqui é como se víssemos a causa transmigrar para o efeito: ambos são completamente homogêneos, exatamente comensuráveis e, além disso, palpáveis. E assim é na verdade em todos os efeitos puramente mecânicos. Porém veremos que tudo isso é cada vez menos o caso e que, em contrapartida, ocorre o que foi dito acima quanto mais ascendemos se, em cada nível, observarmos a relação entre causa e efeito; por exemplo, entre o calor como causa e seus diferentes efeitos, como a dilatação, a incandescência, a fusão, a evaporação, a combustão, a termoeletricidade etc., ou entre a volatilização como causa e o resfriamento ou a cristalização como efeitos; ou entre o atrito do vidro como causa e a eletricidade livre, com seus estranhos fenômenos, como efeito; ou entre a lenta oxidação das placas como causa e o galvanismo, com todos os seus fenômenos elétricos, químicos e magnéticos, como efeito. Portanto, causa e efeito se *separam* cada vez mais, tornam-se *mais heterogêneos*, seu nexo se torna *mais incompreensível*, o efeito parece conter mais do que a causa pôde lhe oferecer, visto que esta se mostra cada vez menos material e palpável. Isso tudo ocorre ainda mais claramente quando passamos aos corpos *orgânicos*, em que meros *estímulos* – em parte exteriores, como os da luz, do calor, do ar, do solo e da nutrição, em parte interiores, dos humores e das partes umas sobre as outras – são as causas, e, como efeito, apresenta-se a vida em sua infinita complexidade e em inúmeras diferenças de tipo, nas múltiplas formas do mundo vegetal e animal.[84]

Porém, nessa heterogeneidade, incomensurabilidade e incompreensibilidade da relação entre

---

84. A exposição mais pormenorizada dessa separação entre a causa e o efeito encontra-se em *Sobre a vontade na natureza*, rubrica "Astronomia", página 80 e seguintes da segunda edição. (N.A.)

causa e efeito, que se manifestam cada vez mais, terá porventura também diminuído a *necessidade* instaurada por tal relação? De forma alguma, nem minimamente. Tão necessariamente como a bola que rola coloca em movimento a bola em repouso, a garrafa de Leiden também terá de descarregar-se ao ser tocada com a outra mão, o arsênico também terá de matar todo ser vivo, e a semente, que, guardada em lugar seco, não mostrou qualquer modificação por milênios, também terá de germinar, crescer e se transformar numa planta tão logo seja colocada no solo adequado e exposta à influência do ar, da luz, do calor e da umidade. A causa é mais complexa, o efeito é mais heterogêneo, mas a necessidade com que ele ocorre não é um fio de cabelo menor.

É verdade que na vida da planta e na vida vegetativa do animal o estímulo é extremamente diferente, sob todos os aspectos, da função orgânica provocada por ele, e ambos estão claramente isolados: contudo, ainda não estão propriamente *separados*, mas precisa existir entre eles um contato, por mais sutil e invisível que seja. A separação completa só ocorre na vida animal, cujas ações são provocadas por motivos, de modo que a causa, que até então ainda estivera materialmente ligada ao efeito, se vê completamente separada dele, com uma natureza completamente diferente, algo antes de tudo imaterial, uma mera representação. Portanto, no *motivo* que provoca o movimento do animal atingiu o grau mais elevado aquela heterogeneidade entre causa e efeito, a separação entre ambos, a incomensurabilidade deles, a imaterialidade da causa e, por isso, sua aparente escassez de conteúdo quando comparada ao efeito, e a incompreensibilidade da relação entre ambos se tornaria absoluta se, como as demais relações causais, também a conhecêssemos apenas *de fora*: mas, assim, um conhecimento de tipo inteiramente diferente, *interno*, complementa o externo, e o processo que aí tem lugar como efeito após a ocorrência da causa nos é intimamente conhecido: nós o designamos por um *terminus ad hoc*[85]: vontade. Porém, que tampouco aqui, tal como anteriormente no caso do estímulo, a relação causal tenha perdido *necessidade*, eis algo que declaramos tão logo a reconheçamos como uma *relação causal* e a pensemos através dessa forma essencial ao nosso entendimento. Além disso, vemos que a motivação é inteiramente análoga às duas outras configurações da relação causal acima discutidas e é apenas o nível mais alto ao qual elas se elevam em transições inteiramente graduais. Nos níveis mais baixos da vida animal, o *motivo* ainda é aparentado de perto ao *estímulo*: os zoófitos, os radiários em geral e os moluscos acéfalos têm apenas um fraco vislumbre de consciência, exatamente o quanto necessitam para perceber seu alimento ou sua presa e apoderar-se deles quando se apresentam,

---

85. Termo (empregado expressamente) para este caso. (N.T.)

e eventualmente trocar seu lugar por um mais favorável: por isso, nesses níveis inferiores, o efeito do motivo ainda se encontra diante de nós tão clara, direta, decidida e inequivocamente quanto o do estímulo. Pequenos insetos são atraídos até a chama pelo brilho da luz; moscas pousam com confiança na cabeça da lagartixa que, diante de seus olhos, acabou de devorar suas iguais. Quem aqui sonhará com liberdade? Nos animais superiores, mais inteligentes, o efeito dos motivos se torna cada vez mais indireto: isto é, o motivo se separa mais claramente da ação que provoca, de modo que até se poderia utilizar essa diferença de distância entre motivo e ação como critério para a inteligência dos animais. No ser humano, tal diferença se torna imensurável. Em compensação, mesmo nos animais mais inteligentes a representação que se torna o motivo de seu agir ainda tem de ser uma representação *intuitiva*: mesmo quando uma escolha já se torna possível, ela só pode ocorrer entre coisas intuitivamente presentes. O cão hesita entre o chamado de seu dono e a visão de uma cadela: o motivo mais forte determinará seu movimento: mas então ele ocorrerá de modo tão necessário quanto um efeito mecânico. Afinal, também nesse caso vemos um corpo tirado de seu equilíbrio oscilar por um momento alternadamente de um lado para o outro, até que se decide em qual deles está seu centro de gravidade, e ele cai nessa direção. Enquanto a motivação estiver limitada a representações *intuitivas*, seu parentesco com o estímulo e a causa em geral ainda se torna evidente pelo fato de o motivo, como causa atuante, ter de ser algo real, presente, inclusive algo que por meio da luz, do som ou do cheiro, ainda que de modo muito indireto, atue fisicamente sobre os sentidos. Além disso, a causa é aqui tão evidente ao observador quanto o efeito: ele vê o motivo se apresentar e o agir do animal seguir-se de modo infalível, desde que nenhum outro motivo tão evidente ou adestramento se contraponha. É impossível colocar em dúvida o nexo entre ambos. Por isso também não ocorrerá a ninguém atribuir aos animais um *liberum arbitrium indifferentiae*, isto é, um agir não determinado por causa alguma.

Porém, quando a consciência for racional, ou seja, capaz de um conhecimento não intuitivo, isto é, de conceitos e pensamentos, os motivos se tornam inteiramente independentes do presente e do ambiente real, permanecendo por isso ocultos ao espectador. Pois agora eles são meros pensamentos que o homem carrega por aí em sua cabeça, mas cuja origem se encontra fora dele, muitas vezes até bastante longe, ou seja, ora na própria experiência dos anos passados, ora na transmissão alheia por palavras e pela escrita, mesmo dos mais remotos tempos, porém de tal modo que sua *origem seja sempre real e objetiva*, embora, devido à combinação muitas vezes intrincada de complexas circunstâncias externas, haja entre os motivos muitos erros e, mediante a transmissão, muitos enganos e, logo, também muitas tolices. A isso ainda se acrescenta o fato de o homem com frequência ocultar os motivos de seu agir de todos os outros, às vezes até de si mesmo, sobretudo quando teme reconhecer o que propriamente o move a fazer isto ou aquilo. Entretanto, vemos seu agir acontecendo e buscamos através de conjecturas descobrir os motivos, que aí pressupomos tão firme e confiantemente quanto a causa de cada movimento dos corpos inanimados que veríamos ocorrer, na convicção de que tanto uma coisa quanto a outra são impossíveis sem uma causa. Por conseguinte, também consideramos, inversamente, em nossos próprios planos e empreendimentos o efeito dos motivos sobre as pessoas com uma segurança que se equipararia inteiramente àquela com que calculamos os efeitos mecânicos de dispositivos mecânicos, desde que conheçamos os caracteres individuais das pessoas com quem temos de tratar aqui com a mesma precisão com que naquele caso conhecemos o comprimento e a espessura das vigas, o diâmetro das rodas, o peso das cargas etc. Esse pressuposto é seguido por toda pessoa tão logo olhe para fora, precise tratar com outras e persiga fins práticos: pois a estes está destinado o entendimento humano. No entanto, caso ela tente julgar o assunto teórica e filosoficamente, algo para o que a inteligência humana não está propriamente destinada, e transforme a si mesma em objeto de julgamento, ela se deixará desorientar a tal ponto pela recém-descrita constituição imaterial dos motivos abstratos, que consistem em meros pensamentos, pois não estão ligados a presente e a ambiente algum e encontram seus obstáculos, por sua vez, apenas em meros pensamentos sob a forma de motivos contrários – ela se deixará desorientar a tal ponto que colocará em dúvida a existência desses motivos, ou então a necessidade de sua ação, e acreditará que aquilo que se faz também pode perfeitamente não ser feito, que a vontade se decide por si mesma, sem causa, e que cada um de seus atos seria um primeiro início de uma série inabarcável de modificações assim produzidas. Esse erro é apoiado de modo bastante especial pela falsa interpretação daquela declaração da autoconsciência, examinada a contento no primeiro capítulo, "posso fazer o que quero", sobretudo quando esta, como sempre, também ressoa por ocasião da influência de vários motivos, provisoriamente apenas solicitantes e mutuamente excludentes. Essa, em suma, é a fonte da ilusão natural da qual provém o erro de que em nossa autoconsciência se encontraria a certeza de uma liberdade de nossa vontade, no sentido de que esta, contra todas as leis do entendimento puro e da natureza, seria algo que se decide sem razões suficientes, cujas resoluções, em circunstâncias dadas, poderiam, numa única e mesma pessoa, ser de uma maneira ou também da maneira oposta.

Para ilustrar de modo especial e da maneira mais clara a origem desse erro tão importante para nosso tema, e assim complementar a investigação da autoconsciência feita no capítulo anterior, imaginemos um homem, talvez parado na rua, que dissesse a si mesmo: "São seis da tarde, o trabalho do dia está terminado. Posso agora fazer um passeio; ou posso ir ao clube; também posso subir na torre para ver o sol se pôr; também posso ir ao teatro; também posso visitar este ou então aquele amigo; sim, também posso sair correndo pelos portões, rumo ao vasto mundo, e nunca mais voltar. Tudo isso depende só de mim, tenho plena liberdade para tanto; contudo, não farei nada disso agora, mas irei igualmente de livre e espontânea vontade para casa, para minha mulher". É exatamente como se a água dissesse: "Posso fazer grandes ondas (sim!, no mar e na tempestade), posso correr caudalosamente (sim!, no leito do rio), posso me precipitar espumando e borbulhando (sim!, na cachoeira), posso subir livremente pelos ares como um jato (sim!, no chafariz), posso por fim até ferver e desaparecer (sim!, a 80º de calor); contudo, não farei nada disso agora, mas ficarei de livre e espontânea vontade, calma e claramente, no lago espelhado". Assim como a água só pode tudo isso quando ocorrem as causas determinantes para uma coisa ou outra, da mesma forma cada ser humano pode o que julga poder tão somente sob a mesma condição. Até que as causas ocorram, isso lhe é impossível: mas então ele *tem de* fazê-lo, assim como a água tão logo seja colocada nas circunstâncias correspondentes. Seu erro, e sobretudo a ilusão que aqui surge da autoconsciência falsamente interpretada, de que ele poderia fazer todas aquelas coisas da mesma forma, repousa, vendo com atenção, no fato de só *uma* imagem poder estar presente à sua fantasia no instante atual, excluindo momentaneamente todo o resto. Se ele imaginar o motivo para uma daquelas ações propostas como possíveis, sentirá de imediato seu efeito sobre sua vontade, que é solicitada por meio disso: o que se chama, na linguagem técnica, de *velleitas*.[86] Mas ele acredita que também poderia elevá-la à categoria de uma *voluntas*[87], isto é, que poderia executar a ação proposta: só que isso é ilusão. Pois logo a reflexão entraria em cena, trazendo-lhe à memória os motivos que puxam para outros lados ou os que são contrários: ao que ele veria que a *voluntas* não se converte em fato. Nesse imaginar sucessivo de diferentes motivos mutuamente excludentes, sob o constante acompanhamento do "posso fazer o que quero" interior, a vontade se vira, por assim dizer, como um cata-vento num pino bem lubrificado e sob vento instável, de imediato na direção de qualquer motivo que a imaginação lhe apresente, vira-se de modo sucessivo na direção de todos os motivos que se apresentam como possíveis, e em relação a cada um deles o homem pensa que poderia *querê-lo* e assim fixar o cata-vento nesse ponto, o que é mera ilusão. Pois seu "posso querer isso" é na verdade hipotético, e leva

---

86. Veleidade. (N.T.)

87. Vontade. (N.T.)

consigo o aposto "se é que eu não quereria aquela outra coisa": mas este suprime aquele poder-querer. – Retornemos àquele homem parado, deliberando por volta das seis horas, e imaginemos que agora ele perceba que estou parado às suas costas, filosofo sobre ele e contesto sua liberdade a todas aquelas ações que lhe são possíveis; bem poderia acontecer que ele executasse uma delas para me refutar: mas então, precisamente minha negação e seu efeito sobre seu espírito de contradição seriam os motivos que o forçaram a tanto. Porém, estes poderiam movê-lo somente a uma ou outra das ações *mais fáceis* entre as mencionadas acima, por exemplo, ir ao teatro, mas de forma alguma à última citada, a saber, correr rumo ao vasto mundo: esse motivo seria fraco demais para tanto. – De modo igualmente errôneo, muitos acham que ao segurar uma pistola carregada poderiam se suicidar com ela. Para isso, o menos importante é esse meio mecânico de execução, mas o principal é um motivo extremamente forte, e por isso raro, que tenha a força descomunal necessária para prevalecer sobre o gosto pela vida, ou, mais exatamente, sobre o medo da morte: somente depois que esse motivo surgir é que a pessoa poderá realmente matar-se à bala, e terá de fazê-lo; a não ser que um motivo contrário ainda mais forte, se é que tal motivo seja mesmo possível, impeça o ato.

Posso fazer o que quero: posso, *se quiser*, dar tudo o que tenho aos pobres e assim tornar-me também um deles – se eu *quiser*! Mas não consigo *querê-lo*, pois os motivos contrários têm força demais sobre mim para que o pudesse. Por outro lado, se eu tivesse outro caráter, e em tal medida a ponto de ser um santo, então eu poderia querê-lo; porém nesse caso tampouco poderia evitar querê-lo, ou seja, teria de fazê-lo. – Tudo isso condiz perfeitamente bem com o "posso *fazer* o que *quero*" da autoconsciência, no qual ainda hoje em dia alguns filosofastros irrefletidos julgam ver o livre-arbítrio, fazendo-o valer, consequentemente, como um fato dado da consciência. Entre estes, distingue-se o sr. Cousin, que merece por isso uma *mention honorable*[88], visto que em seu *Cours d'Histoire de la Philosophie*, ministrado em 1819-1820 e publicado por Vacherot em 1841, ele ensina que o livre-arbítrio é o fato mais confiável da consciência (vol. I, p. 19, 20), repreendendo Kant por tê-lo demonstrado apenas a partir da lei moral e o estabelecido como um postulado, visto que afinal ele seria um fato: "*pourquoi démontrer ce qu'il suffit de constater?*" (p. 50) "*la liberté est un fait, et non une croyance*" (*ibid.*).[89] – Entretanto, tampouco na Alemanha faltam ignorantes que desprezam tudo o que grandes pensadores disseram a respeito já faz dois séculos e que, insistindo no fato da autoconsciência, analisado no capítulo anterior, fato que compreendem de modo errôneo tal como a grande massa, preconizam

---

88. Menção honrosa. (N.E.)

89. "Por que demonstrar o que basta constatar?"; "a liberdade é um fato, e não uma crença". (N.E.)

o livre-arbítrio como efetivamente dado. Mas talvez eu esteja sendo injusto com eles, pois pode ser que não sejam tão ignorantes quanto parecem, mas estejam apenas famintos e, por isso, em troca de um pedaço de pão bastante seco, ensinam tudo o que poderia agradar um alto ministério.

Não é de modo algum metáfora nem hipérbole, mas verdade bastante seca e literal, que assim como uma bola de bilhar não pode entrar em movimento até que receba uma tacada, assim tampouco um homem poderá se levantar da cadeira até que um motivo o afaste ou o impulsione: mas então o erguer-se é tão necessário e infalível quanto o rolar da bola após a tacada. E esperar que alguém faça alguma coisa para a qual não seja incitado por absolutamente nenhum interesse é como esperar que um pedaço de madeira se mova em minha direção sem uma corda que o puxe. Quem porventura afirmasse tal coisa num grupo e experimentasse resistência obstinada sairia dessa situação da maneira mais rápida se mandasse uma terceira pessoa gritar de repente com voz alta e séria: "O vigamento está desabando!", o que faria os contestadores reconhecer que um motivo pode ser igualmente tão forte para jogar as pessoas para fora de uma casa quanto a mais sólida causa mecânica.

Pois o ser humano, como todos os objetos da experiência, é um fenômeno no tempo e no espaço, e visto que a lei da causalidade vale para todos eles *a priori* e, por conseguinte, sem exceção, também ele tem de estar submetido a ela. Assim fala o entendimento puro *a priori*, assim o confirma a analogia que perpassa toda a natureza e assim o atesta a experiência a cada instante se não nos deixarmos enganar pela aparência produzida pelo fato de que quando os seres naturais se tornam mais complexos, ascendendo mais e mais, e sua receptividade se eleva e se refina da mera receptividade mecânica para a química, elétrica, estimulável, sensível, intelectual e, por fim, racional, também a natureza das *causas atuantes* precisa estar à altura disso e, em cada nível, corresponder aos seres sobre os quais cabe atuar: por isso as causas também se apresentam de maneira cada vez menos palpável e menos material, de modo que por fim não são mais visíveis aos olhos, mas decerto alcançáveis pelo entendimento, que as pressupõe com segurança inabalável no caso individual e também as descobre com a devida investigação. Pois aqui as causas atuantes são elevadas à categoria de meros pensamentos que lutam entre si com outros pensamentos até que o mais forte deles se imponha e coloque o ser humano em movimento; tudo isso ocorre com o mesmíssimo rigor de conexão causal de quando causas puramente mecânicas, em complexa ligação, atuam umas contra as outras e o resultado calculado sobrevém de modo infalível. A aparência de falta de causa, devido à invisibilidade desta, é tão própria às bolinhas de cortiça eletrizadas que saltam em todas as direções dentro de um copo quanto aos movimentos do ser humano: mas o juízo não cabe aos olhos, e sim ao entendimento.

Sob o pressuposto do livre-arbítrio, toda ação humana seria um prodígio inexplicável – um efeito sem causa. E se ousarmos a tentativa de imaginar tal *liberum arbitrium indifferentiae*, logo perceberemos que junto a ele o entendimento realmente se paralisa: este não tem qualquer forma de pensar algo assim. Pois o princípio da razão, o princípio da universal determinação e dependência dos fenômenos entre si, é a forma mais geral de nossa faculdade cognitiva, que, segundo a diferença de seus objetos, também assume ela própria diferentes formas. Mas aqui nos pedem para pensar algo que determina sem ser determinado, que não depende de nada mas do qual dependem outras coisas, algo que agora, sem coerção e, logo, sem razão, produz A enquanto poderia igualmente produzir B ou C ou D, e isso de modo pleno, sob as mesmas circunstâncias, isto é, sem que agora houvesse algo em A que lhe conferisse uma preferência (pois esta seria motivação, ou seja, causalidade) frente a B, C ou D. Aqui somos levados de volta ao conceito do *absolutamente casual*, estabelecido logo no início. Repito: nisso, caso apenas consigamos levá-lo a esse ponto, o entendimento realmente se paralisa.

Mas agora também cabe recordar o que afinal é uma *causa*: a modificação precedente que torna necessária a subsequente. De forma alguma uma causa qualquer no mundo produz inteiramente seu efeito ou o faz do nada. Ao contrário, sempre há algo sobre o que ela atua, e apenas neste momento, neste lugar e neste ser determinado ela ocasiona uma mudança que sempre é adequada à natureza do ser, para a qual, portanto, a *força* já precisava se encontrar nele. Por conseguinte, todo efeito se origina de dois fatores, um interno e um externo: a saber, da força original daquilo sobre o que se atua, e da causa determinante, que obriga aquela força a se manifestar agora. A força original é pressuposta por toda causalidade e toda explicação a partir dela: precisamente por isso, a última nunca explica tudo, mas sempre deixa um elemento inexplicável. Vemos isso em toda a física e química: em suas explicações, bem como na redução sobre a qual repousa toda explicação, sempre se pressupõem as forças naturais que se manifestam nos fenômenos. Uma força natural não está ela própria sujeita a uma explicação, mas é o princípio de toda explicação. Da mesma forma, ela própria não está sujeita a qualquer causalidade, mas é precisamente aquilo que confere a toda causa sua causalidade, isto é, sua capacidade de atuar. Ela própria é o substrato comum de todos os efeitos desse tipo e está presente em cada um deles. Assim, os fenômenos do magnetismo são derivados de uma força original chamada eletricidade. Nesse ponto, a explicação cessa: ela apenas declara as condições sob as quais tal força se manifesta, isto é, as causas que provocam sua efetividade. As explicações da mecânica celeste pressupõem a gravitação como força, graças à qual atuam as causas particulares que determinam o curso dos corpos celestes. As explicações da química pressupõem as forças ocultas que, segundo certas relações estequiométricas, se manifestam como afinidades eletivas, e sobre as quais repousam por fim todos os efeitos que, produzidos por causas que são indicadas, ocorrem pontualmente. Da mesma forma, todas as explicações da fisiologia pressupõem a força vital, que reage de forma determinada a estímulos específicos, internos e externos. E é assim por toda parte, sem exceção. Mesmo as causas de que se ocupa a tão inteligível mecânica, como choque e pressão, têm como pressuposto a impenetrabilidade, a coesão, a rigidez, a dureza, a inércia, o peso e a elasticidade, que, não menos que as recém-mencionadas, são forças naturais insondáveis. Assim, por toda parte, as causas não determinam nada mais do que o quando e o onde das *manifestações* de forças originais, inexplicáveis, sob cujo pressuposto, tão somente, elas são causas, isto é, produzem necessariamente certos efeitos.

Assim como esse é o caso das causas no mais estrito sentido e dos estímulos, não é menos o caso dos *motivos*, visto que afinal a motivação não se distingue no essencial da causalidade, mas é apenas uma espécie dela, a saber, a causalidade que passa pelo meio do conhecimento. Também aqui, portanto, a causa apenas provoca a manifestação de uma força que não pode ser derivada de outras causas, logo, que não pode ser mais bem explicada, força que aqui se chama *vontade*, mas que não nos é conhecida meramente de fora, tal como as demais forças da natureza, mas, graças à autoconsciência, também nos é conhecida de dentro e de modo direto. Apenas sob o pressuposto de que essa vontade exista e, no caso particular, de que tenha determinada constituição, é que agem as causas a ela dirigidas, aqui chamadas de motivos. Essa constituição da vontade, determinada de modo especial e individual, graças à qual sua reação aos mesmos motivos é diferente em cada pessoa, forma o que se chama de seu *caráter* e, mais exatamente, seu *caráter empírico*, pois este não se torna conhecido *a priori*, mas apenas pela experiência. Ele determina primariamente o tipo de efeito dos variados motivos sobre dado ser humano. Pois ele se encontra na base de todos os efeitos que os motivos provocam da mesma forma que as forças universais da natureza se encontram na base dos efeitos provocados pelas causas no mais estrito sentido e a força vital se encontra na base dos efeitos dos estímulos. E, tal como as forças da natureza, também o caráter é original, imutável, inexplicável. Nos animais ele é diferente em cada espécie; no ser humano, em cada indivíduo. Apenas nos animais superiores, mais inteligentes, já se mostra um notável caráter individual, embora marcado pelo caráter absolutamente preponderante da espécie.

O *caráter do ser humano* é: 1) *individual*: ele é diferente em cada um. É verdade que o caráter da espécie está na base de todos, razão pela qual as principais qualidades se encontram em cada um. Contudo, aqui há um aumento e uma diminuição de grau tão significativos, uma tal diversidade de combinação e modificação recíproca das qualidades que se pode admitir que a diferença moral dos caracteres equivale a das capacidades intelectuais, algo que quer dizer muito, e que ambas são, sem comparação, maiores que a diferença física entre um gigante e um anão, entre Apolo e Tersites.[90] Por isso, o efeito do mesmo motivo é inteiramente diferente sobre pessoas diferentes, assim como a luz do sol embranquece a cera, mas enegrece o cloreto de prata, o calor amolece a cera, mas endurece a argila. Assim, não se pode prever a ação apenas a partir do conhecimento do motivo, mas também se precisa conhecer o caráter com exatidão.

2) O caráter do ser humano é *empírico*. Nós o conhecemos apenas pela experiência, não somente no caso dos outros, mas também no nosso. Por isso, assim como muitas vezes acontece em relação aos outros, também nos desiludimos conosco mesmos ao descobrir que não possuímos esta ou aquela qualidade – por exemplo, justiça, desinteresse, coragem – no grau que benevolamente pressupúnhamos. Assim, numa escolha difícil, nossa própria decisão, tal como uma alheia, se mantém a

---

90. Um dos gregos que participaram do cerco a Troia, marcado pela feiura e pelo descaramento; logo, a mais completa antítese de Apolo, deus da harmonia e da beleza. (N.T.)

nós mesmos como um mistério até que aquela tenha sido feita: ora acreditamos que ela recairá sobre este lado, ora sobre aquele, conforme este ou aquele motivo seja apresentado mais proximamente à vontade pelo conhecimento e teste sua força sobre ela, no que aquele "posso fazer o que quero" produz a aparência de livre-arbítrio. Por fim, o motivo mais forte faz valer sua força sobre a vontade, e a escolha muitas vezes acaba sendo diferente do que presumíramos de início. Assim, por fim, ninguém pode saber como um outro, e tampouco ele mesmo, agirá em alguma situação determinada até que tenha estado nela: apenas depois de feita a prova é que estará seguro quanto ao outro, e só então é que também estará seguro de si mesmo. Mas então ele o estará: amigos postos à prova e serviçais testados são seguros. Em geral, tratamos uma pessoa que conhecemos bem como qualquer outra coisa cujas qualidades já ficamos conhecendo, e prevemos com certeza o que se pode esperar dela e o que não. Quem uma vez fez uma coisa, dado o caso a fará novamente, tanto no bem quanto no mal. Por isso, quem necessite de uma grande e extraordinária ajuda recorrerá àquele que deu provas de generosidade, e quem quiser contratar um assassino procurará entre as pessoas que já colocaram suas mãos em sangue. Segundo a narrativa de Heródoto (VII, 164), Gélon de Siracusa vira-se na necessidade de confiar inteiramente uma imensa soma em dinheiro a um homem, entregando-lhe a soma para que a levasse ao exterior, e o homem poderia dispor livremente dela; para tanto, escolheu Cadmo, que já dera uma prova de rara e até inaudita retidão e conscienciosidade. Sua confiança se confirmou plenamente. – Do mesmo modo, é apenas da experiência, e quando chega a ocasião, que resulta o conhecimento de nós mesmos no qual se fundamentam a autoconfiança ou a desconfiança. Conforme num caso tivermos mostrado prudência, coragem, honestidade, discrição, perspicácia ou o que mais ele exigir, ou então tenha vindo à luz a falta de tais virtudes, ficaremos, em razão do conhecimento travado conosco mesmos, posteriormente contentes conosco, ou o contrário. Apenas o conhecimento exato de seu próprio caráter empírico dá ao ser humano o que se chama de *caráter adquirido*: possui-o aquele que conhece de modo exato suas próprias qualidades, tanto boas quanto ruins, sabendo assim com certeza do que pode julgar-se capaz e o que pode exigir de si, e o que não. Ele representa agora seu próprio papel – que antes, em virtude de seu caráter empírico, apenas imitava da natureza – de modo artístico e metódico, com firmeza e garbo, sem jamais, como se diz, sair de seu caráter[91], o que sempre prova que

---

91. Em alemão, *aus dem Charakter fallen*. A expressão mais usual é *aus der Rolle fallen*, "sair de seu papel", originalmente empregada para se referir ao ator que não decorara devidamente seu texto, mas que, em sentido figurado, também serve para designar um comportamento impróprio. (N.T.)

alguém, no caso individual, estava enganado acerca de si mesmo.

3) O caráter do ser humano é *constante*: ele permanece o mesmo ao longo de toda a vida. Sob o envoltório mutável de seus anos, de suas condições, mesmo de seus conhecimentos e opiniões, encontra-se, como um caranguejo em sua carapaça, o idêntico e genuíno ser humano, inteiramente imutável e sempre o mesmo. Apenas na orientação e no material seu caráter experimenta as modificações aparentes que são consequência da diferença de idade e suas necessidades. *O ser humano jamais se modifica*: tal como agiu num caso, assim sempre agirá de novo sob circunstâncias completamente iguais (entre as quais, entretanto, também está o conhecimento correto dessas circunstâncias). A confirmação dessa verdade pode ser tomada da experiência cotidiana: porém, nós a obtemos do modo mais impressionante quando reencontramos um conhecido após vinte ou trinta anos e logo o vemos envolvido nas mesmíssimas tolices de outrora. – É verdade que muitos negarão essa verdade com palavras: porém, eles mesmos a pressupõem em seu agir ao não confiar nunca mais naquele que se mostrou desonesto *uma* vez, mas por certo confiando naquele que antes se mostrou honesto. Pois nessa verdade repousa a possibilidade de todo conhecimento do ser humano e da firme confiança nas pessoas postas à prova, testadas, comprovadas. Mesmo quando essa confiança nos tenha uma vez

ludibriado, jamais dizemos: "Seu caráter mudou", e sim: "Enganei-me a respeito dele". – Nessa verdade repousa o fato de, quando queremos julgar o valor moral de uma ação, buscarmos alcançar sobretudo a certeza sobre o seu motivo, mas de então nosso louvor ou censura não se referirem ao motivo, e sim ao caráter que se deixou determinar por tal motivo, como o segundo fator desse ato, fator inerente apenas ao ser humano. – Sobre a mesma verdade repousa o fato de a verdadeira honra (não a cavalheiresca, ou honra de tolo), uma vez perdida, não poder mais ser restaurada, mas a mácula de uma única ação desonrosa aderir para sempre à pessoa, marcá-la a ferro, como se diz. Daí o ditado: "Quem rouba uma vez será ladrão por toda a vida". – Repousa nela o fato de que em importantes assuntos de Estado, quando as coisas chegam ao ponto de se recorrer à traição e de que o traidor seja por isso procurado, usado e recompensado, a prudência recomende então eliminá-lo depois de atingida a meta, pois as circunstâncias são mutáveis, mas não seu caráter. – Nela repousa o fato de que a maior falha de um poeta dramático seja a de seus caracteres não serem congruentes, isto é, não serem realizados com a constância e a rigorosa consequência de uma força da natureza tal como os apresentados pelos grandes poetas; demonstrei este último ponto num exemplo detalhado de Shakespeare em *Parerga und Paralipomena*, volume II, parágrafo 118, página 196 da primeira edição.[92] – Sim, sobre a mesma verdade repousa a possibilidade da consciência moral, na medida em que esta muitas vezes ainda nos censura em idade avançada os malfeitos da juventude, como, por exemplo, a J.J. Rousseau, após quarenta anos, o fato de ter acusado a criada Marion de um furto que ele mesmo cometera.[93] Isso só é possível sob o pressuposto de que o caráter se manteve imutavelmente o mesmo; já que, ao contrário, os erros mais ridículos, a ignorância mais crassa e as tolices mais espantosas de nossa juventude não nos envergonham na velhice: pois isso se modificou, eram questões de conhecimento, delas nos afastamos, há muito as deixamos de lado, tal como nossas roupas de juventude. – Sobre a mesma verdade repousa o fato de que uma pessoa, mesmo com o mais claro conhecimento, inclusive aversão a seus erros e mazelas morais, e inclusive com o mais sincero propósito de melhoria, na verdade não melhore, mas, apesar de sérios propósitos e honestas promessas, possa, em nova ocasião, ser encontrada outra vez na mesma trilha de antes, para sua própria surpresa. Apenas seu *conhecimento* se deixa corrigir; assim, ela

---

92. No capítulo 8, "Sobre a ética". O exemplo trata do conde de Northumberland, personagem secundário das peças *Ricardo II*, *Henrique IV, primeira parte* e *Henrique IV, segunda parte*. Ele se apresenta com falas e gestos nobres, mas trama repetidas conspirações, sem jamais se envolver nelas de forma direta. (N.T.)

93. Ver *Confissões*, parte I, livro II. (N.T.)

pode chegar à compreensão de que estes ou aqueles meios que antes empregara não levam ao seu fim, ou trazem mais desvantagem do que ganho: então ela muda os meios, não os fins. Nisso repousa o sistema penitenciário americano: ele não empreende melhorar o *caráter*, o *coração* do ser humano, mas endireitar sua *cabeça* e mostrar-lhe que pelo caminho da desonestidade até então trilhado ele alcançaria os fins que ambiciona invariavelmente graças a seu caráter de um modo muito mais difícil e com fadigas e perigos muito maiores do que pelo caminho da honradez, do trabalho e da moderação. Em geral, é apenas no *conhecimento* que estão a esfera e o âmbito de toda melhora e todo enobrecimento. O caráter é imutável, os motivos atuam com necessidade: mas têm de passar pelo *conhecimento*, que é o meio dos motivos. No entanto, o conhecimento é capaz das mais variadas ampliações, de constante retificação em inúmeros graus: é nesse sentido que trabalha toda educação. A formação da razão por meio de conhecimentos e compreensões de todo tipo é moralmente importante pelo fato de abrir o acesso a motivos aos quais, sem ela, o ser humano se manteria fechado. Enquanto não podia compreender tais motivos, eles não estavam disponíveis para sua vontade. Assim, sob as mesmas circunstâncias externas, a situação de uma pessoa pode de fato, numa segunda ocasião, ser inteiramente diferente da primeira: a saber, se apenas no meio-tempo se tornou capaz de compreender correta e completamente tais circunstâncias; por essa razão, atuam agora sobre ela motivos aos quais antes era inacessível. Nesse sentido, os escolásticos diziam de maneira muito correta: *causa finalis* (fim, motivo) *movet non secundum suum esse reale, sed secundum esse cognitum*.[94] Porém, nenhuma influência moral se estende além da retificação do conhecimento, e o empreendimento de suprimir os defeitos de caráter de uma pessoa através de sermões e moralizações, querendo-se assim recriar o seu caráter propriamente dito, a sua verdadeira moralidade, é exatamente igual ao propósito de transformar chumbo em ouro mediante influência externa ou levar um carvalho, mediante cultivo cuidadoso, a produzir damascos.

Vemos que a convicção da imutabilidade do caráter já foi declarada indubitável por Apuleio em sua *Oratio de magia*, em que, defendendo-se da acusação de feitiçaria, apela ao seu conhecido caráter e diz: *Certum indicem cujusque animum esse, qui semper eodem ingenio ad virtutem vel ad malitiam moratus, firmum argumentum est accipiendi criminis, aut respuendi*.[95]

---

94. A causa final não move segundo seu ser real, mas segundo seu ser conhecido (Suarez, *Disputationes metaphysicae*, disp. XXIII, sect. 7 et 8, onde se trata da *causa finalis*, mas não se encontra a passagem citada). (N.E.)

95. Há uma prova certa no caráter de cada um, que, por natureza sempre inclinado do mesmo modo à virtude ou à maldade, é uma razão firme para cometer ou não um crime. Lúcio Apuleio, *Oratio de magia* [Discurso sobre a magia]. (N.E.)

4) O caráter individual é *inato*: ele não é obra de arte ou de circunstâncias subordinadas ao acaso, mas obra da própria natureza. Manifesta-se já na criança, mostrando aí em pequena escala o que será no futuro em grande escala. Por isso, duas crianças com educação e ambiente absolutamente iguais revelam da maneira mais clara o caráter mais radicalmente distinto: é o mesmo que portarão quando velhos. Ele é inclusive herdável em seus traços principais, mas apenas do pai, e a inteligência, em contrapartida, da mãe; a propósito disso, remeto ao capítulo 43 do segundo volume de minha obra capital.

Dessa exposição sobre a essência do caráter individual segue-se por certo que virtudes e vícios são inatos. Essa verdade poderá se incômoda para certo preconceito e certa filosofia de roca com seus chamados interesses práticos, quer dizer, seus pequenos e estreitos conceitos e suas limitadas opiniões escolares: mas ela já era a convicção do pai da moral, Sócrates, que, segundo testemunho de Aristóteles (*Ethica magna*, I, 9), afirmou: οὐκ ἐφ' ἡμῖν γενέσθαι τὸ σπουδαίους εἶναι, ἢ φαύλους, κ. τ. λ. (*in arbitrio nostro positum non esse, nos probos, vel malos esse*).[96] O que Aristóteles recorda aqui contra isso é manifestamente ruim: ele próprio também compartilha essa opinião de Sócrates e a expressa da maneira mais clara na *Ética a Nicômaco*, VI, 13:

---

96. Não depende de nós sermos bons ou maus. (N.E.)

Πᾶσι γὰρ δοκεῖ ἕκαστα τῶν ἠθῶν ὑπάρχειν φύσει πως· καὶ γὰρ δίκαιοι καὶ σωφρονικοὶ καὶ ἀνδρεῖοι καὶ τἆλλα ἔχομεν εὐθὺς ἐκ γενετῆς (*Singuli enim mores in omnibus hominibus quodammodo videntur inesse natura: namque ad justitiam, temperantiam, fortitudinem, ceterasque virtutes proclivitatem statim habemus, cum primum nascimur.*)[97] E se abarcarmos o conjunto de virtudes e vícios do livro de Aristóteles *De virtutibus et vitiis*, no qual são reunidos numa breve sinopse, veremos que todos, em seres humanos reais, só se deixam pensar como qualidades *inatas*, e somente assim seriam genuínos: se por outro lado proviessem da reflexão e fossem adotados voluntariamente, na verdade desembocariam numa espécie de *dissimulação*, seriam espúrios e, por isso, tampouco se poderia contar de forma alguma com sua persistência e sua comprovação sob a pressão das circunstâncias. E mesmo que acrescentemos a virtude cristã do amor, *caritas*, ausente em Aristóteles e em todos os antigos, as coisas não se passam diferente. E como é que a incansável bondade de *um* homem e a maldade incorrigível, profundamente arraigada de outro, o caráter dos Antoninos, de Adriano e de Tito por um lado, e o de Calígula, Nero e Domiciano por outro, poderiam ter vindo de fora, caídos do céu, e ter sido

---

97. Pois todos, segundo parece, já apresentam de algum modo os traços de caráter individuais por natureza; pois ser justo, moderado, valente e outras coisas mais já nos é próprio desde o nascimento. (N.E.)

obra de circunstâncias casuais ou de mero conhecimento e instrução! Precisamente Nero, afinal, teve Sêneca como educador. – É antes no caráter inato, esse verdadeiro cerne do homem em seu todo, que está o germe de todas suas virtudes e seus vícios. Essa convicção natural ao homem imparcial também conduziu a mão de Veleio Patérculo (II, 35) ao escrever o seguinte acerca de Catão: *Homo virtuti consimillimus, et per omnia genio diis, quam hominibus propior: qui nunquam recte fecit, ut facere videretur, sed quia* aliter facere non poterat.[98][99]

No entanto, sob a hipótese do livre-arbítrio, simplesmente não se consegue ver de onde deveriam no fundo provir a virtude e o vício, ou mesmo

---

98. Um homem aparentado à virtude da maneira mais próxima, e que por sua disposição natural estava em tudo mais próximo dos deuses que dos homens: um homem que jamais agia corretamente para ser visto como alguém que age como tal, mas porque *não podia agir de outro modo*. Veleio Patérculo, *Historia romana*, II, 35, 2. (N.E.)

99. Essa passagem torna-se pouco a pouco uma peça de armamento regular no arsenal dos deterministas, honra que o velho e bom historiador, há 1800 anos, por certo nem sonharia. O primeiro a elogiá-la foi Hobbes; depois dele, Priestley. Em seguida, Schelling a reproduziu em seu tratado sobre a liberdade, p. 478, numa tradução um tanto deturpada para seus fins, razão pela qual também não cita Veleio Patérculo pelo nome, mas diz, tão esperta quanto nobremente, "um antigo". Por fim, eu tampouco quis deixar de apresentá-la, visto que realmente diz respeito ao assunto. (N.A.)

o fato de duas pessoas educadas da mesma maneira agirem de forma inteiramente diferente, e até oposta, em circunstâncias e ocasiões completamente iguais. A efetiva e original diversidade fundamental dos caracteres é incompatível com a hipótese de tal livre-arbítrio, que consiste no fato de para toda pessoa, em toda situação, serem igualmente possíveis ações opostas. Pois então seu caráter teria de ser desde o princípio uma *tabula rasa*, tal como o intelecto segundo Locke, sem qualquer tendência inata para um lado ou para o outro, pois esta simplesmente já eliminaria o perfeito equilíbrio pensado no *libero arbitrio indifferentiae*. Assim, segundo essa hipótese, o fundamento da diversidade observada nos modos de agir de diferentes pessoas não pode estar no *âmbito subjetivo*, mas muito menos no *objetivo*, pois então seriam os objetos que determinariam o agir, e a requerida liberdade se perderia por inteiro. Restaria, no máximo, apenas a saída de situar entre o sujeito e o objeto a origem dessa efetiva e grande diversidade dos modos de agir, isto é, fazê-la surgir a partir das diferentes maneiras como o objetivo seria apreendido pelo subjetivo, quer dizer, como ele seria *conhecido* por diferentes pessoas. Mas então tudo remontaria ao *conhecimento* correto ou falso das circunstâncias existentes, pelo que a distinção moral dos modos de agir seria transformada numa mera diferença de correção do juízo e a moral seria convertida em lógica. Se então os partidários do livre-arbítrio ainda tentassem por fim salvar-se desse grave dilema dizendo: "A diversidade inata dos caracteres na verdade não existe, mas semelhante diversidade surge de circunstâncias externas, impressões, experiências, exemplos, ensinamentos etc., e uma vez que o caráter tenha surgido desse modo, então se explica posteriormente a partir dele a diversidade do agir": então caberia dizer a propósito disso, em primeiro lugar, que assim o caráter apareceria muito tarde (enquanto, na verdade, já pode ser conhecido nas crianças) e a maioria das pessoas morreria antes de ter adquirido um caráter; em segundo lugar, porém, que todas essas circunstâncias externas, cuja obra deveria ser o caráter, estariam inteiramente fora de nosso poder e seriam provocadas pelo acaso (ou, caso se queira, pela Providência) desta ou daquela maneira: se, portanto, o caráter proviesse de tais circunstâncias, e dele, por sua vez, a diversidade do agir, então seria eliminada por inteiro toda responsabilidade moral por esta última, visto que obviamente, afinal, seria obra do acaso ou da Providência. Assim, com a hipótese do livre-arbítrio, vemos portanto a origem da diversidade dos modos de agir e, com ela, da virtude ou do vício, junto com a responsabilidade, pairarem sem qualquer apoio e em parte alguma acharem um lugarzinho para lançar raízes. Porém, disso resulta que aquela hipótese, por mais que à primeira vista agrade ao entendimento grosseiro, no fundo se encontre tanto em contradição com nossas convicções morais quanto, como foi mostrado de maneira satisfatória, com a regra fundamental suprema de nosso entendimento.

A necessidade com que atuam os motivos, como todas as causas em geral – conforme expus anteriormente em detalhes –, não é desprovida de pressupostos. Agora conhecemos seu pressuposto, a base e o solo sobre os quais se apoia: é o *caráter individual* inato. Tal como todo efeito na natureza inanimada é um produto necessário de dois fatores, a saber, da *força natural* universal que aí se manifesta e da *causa* particular que aí provoca essa manifestação, exatamente da mesma maneira todo ato de um ser humano é o produto necessário de seu *caráter* e do *motivo* ocorrente. Se estes dois são dados, o ato acontece de modo infalível. Para que surgisse outro ato, seria preciso estabelecer ou um outro motivo ou um outro caráter. Cada ato também se deixaria predizer com segurança, e até calcular, se, em parte, o caráter não fosse muito difícil de investigar e, em parte, o motivo também não se encontrasse muitas vezes oculto e sempre exposto ao efeito contrário de outros motivos situados apenas na esfera de pensamento do ser humano, inacessíveis aos outros. Devido ao caráter inato do ser humano, os fins em geral que ele invariavelmente busca alcançar já estão determinados no essencial: os meios a que recorre para tanto são determinados em parte pelas circunstâncias externas, em parte por sua compreensão delas, cujo acerto por sua vez depende de seu entendimento e de sua formação.

Como resultado final de tudo isso ocorrem então seus atos particulares e, consequentemente, todo o papel que lhe cabe representar no mundo. – Assim, numa compreensão tão correta quanto poética, encontramos o resultado da doutrina aqui exposta do caráter individual expresso numa das mais belas estrofes de Goethe:

> Como no dia que te concedeu o mundo
> Os planetas todos o Sol saudavam,
> Logo vicejaste mais e mais fundo
> Tal como as leis te ordenavam.
> Não podes fugir de ti, assim tens de ser,
> As sibilas e os profetas não deixaram de dizer;
> E não há tempo nem poder que possam destruir
> A forma cunhada, vivente, a evoluir.[100]

Assim, aquele pressuposto no qual realmente repousa a necessidade dos efeitos de todas as causas é a essência interna de toda coisa, seja ela uma mera força natural universal que nesta se manifesta, ou

---

100. Primeira estrofe, intitulada *Daimon, demônio*, do poema "Protopalavras: à maneira órfica" ("*Urworte. Orphisch*"). "Demônio" designa aqui, segundo um comentário do próprio Goethe, a individualidade necessária da pessoa que já se manifesta no nascimento, tão única e peculiar que seria possível vinculá-la aos infinitos movimentos e relações dos corpos celestes. E esse núcleo individual, ainda que o indivíduo pereça, não pode ser despedaçado, mas continua a evoluir ao longo das gerações. (N.T.)

seja ela força vital, ou seja ela vontade: cada ser, seja ele de que tipo for, sempre reagirá, por ensejo das causas atuantes, conforme sua natureza peculiar. Essa lei, à qual estão subordinadas sem exceção todas as coisas do mundo, foi expressa pelos escolásticos na fórmula *operari sequitur esse*.[101] Em virtude dela, o químico examina os corpos por meio de reagentes, e o ser humano examina o ser humano por meio das provas às quais o submete. Em todos os casos, as causas externas suscitarão necessariamente o que está no ser: pois este não pode reagir de outra forma senão conforme seu modo de ser.

Cabe lembrar aqui que toda *existentia* pressupõe uma *essentia*: quer dizer, todo ente também precisa ser *algo*, ter uma determinada essência. Ele não pode *existir* e, ao mesmo tempo, não ser *nada*, a saber, algo como o *ens metaphysicum*[102], ou seja, uma coisa que *é* e nada mais do que *é*, sem quaisquer determinações e qualidades, e, por conseguinte, sem o resoluto modo de atuação que destas emana: pelo contrário, assim como uma *essentia* sem *existentia* não proporciona uma realidade (o que Kant elucidou através do conhecido exemplo dos cem táleres[103]), tampouco o consegue

---

101. O que se faz se segue do que se é. (N.E.)

102. Ente metafísico. (N.T.)

103. O táler era uma antiga moeda alemã de prata. Ver *Crítica da razão pura*, A599/B627, "Da impossibilidade de uma prova ontológica da existência de Deus": "Cem táleres reais não contêm o mínimo a mais (cont.)

uma *existentia* sem *essentia*. Pois todo ente precisa ter uma natureza que lhe seja essencial, peculiar, graças à qual seja o que é, que o sustente constantemente, cujas manifestações sejam provocadas necessariamente pelas causas; enquanto, por outro lado, essa natureza mesma não é de forma alguma a obra daquelas causas, nem é por elas modificável. Porém, tudo isso vale para o ser humano e sua vontade tanto como para todos os demais seres da natureza. Também ele tem, junto à *existentia*, uma *essentia*, quer dizer, qualidades fundamentalmente essenciais que precisamente constituem seu caráter e apenas necessitam do ensejo de fora para virem à frente. Por conseguinte, esperar que uma pessoa, em ocasiões iguais, aja uma vez assim mas outra vez de modo totalmente diferente seria como se quiséssemos esperar que a mesma árvore que neste verão deu cerejas dê peras no próximo. O livre-arbítrio, observado com atenção, significa uma *existentia* sem *essentia*; o que significa que algo *é* e, ao mesmo tempo, *não é nada*, o que por sua vez significa que esse algo *não é*; portanto, que é uma contradição.

(cont.) do que cem táleres possíveis. Pois visto que estes significam o conceito mas aqueles significam o objeto e sua posição em si mesmo, então, no caso deste conter mais do que aquele, meu conceito não expressaria todo o objeto e assim tampouco seria o conceito apropriado dele. Mas, no estado de meu patrimônio, há mais em cem táleres reais do que no mero conceito deles (isto é, de sua possibilidade)". (N.T.)

Cabe atribuir à compreensão disso, como também da validade certa *a priori* e, por isso, sem exceções, da lei da causalidade, que todos os pensadores realmente profundos de todas as épocas, por mais diferentes que também fossem suas demais opiniões, concordassem em afirmar a necessidade dos atos de vontade no caso de ocorrência dos motivos, bem como em rejeitar o *liberum arbitrium*. E, justo porque a maioria incalculavelmente grande da multidão incapaz de pensar e abandonada à aparência e ao preconceito sempre se opôs de maneira tenaz a essa verdade, eles inclusive a evidenciaram para afirmá-la com as mais resolutas e até mais galhofeiras expressões. A mais conhecida delas é o *asno de Buridan*[104], que, no entanto, é procurado em vão há mais ou menos cem anos nos escritos remanescentes de Buridan. Eu mesmo tenho uma edição de seus *Sophismata*[105], aparentemente ainda impressa no século XV, sem lugar de publicação nem ano e nem paginação, na qual muitas vezes

---

104. Jean Buridan (c. 1300-1358): pensador escolástico francês, um dos maiores lógicos do século XIV. Seu suposto asno é uma imagem da indecisão: à mesma distância de dois montes de feno iguais, ele não consegue se decidir por nenhum deles e morre de fome. (N.T.)

105. "Sofismas", última seção das *Summulae de dialectica* [Súmulas de dialética], muitas vezes publicada separadamente. Foi concebida como uma introdução à lógica por meio do estudo de sofismas, isto é, sentenças enigmáticas e ambíguas cuja verdade ou falsidade cabia decidir mediante argumentação apropriada. (N.T.)

procurei em vão por ele, embora apareçam asnos como exemplo quase a cada página. Baile[106], cujo artigo *Buridan* é a base de tudo o que foi escrito a respeito desde então, diz de modo bastante incorreto que só se conhece esse *único* sofisma de Buridan; pois eu mesmo tenho todo um volume in-quarto de sofismas dele. Visto que trata do assunto com tantos pormenores, Baile deveria ter sabido o que no entanto também não parece ter sido notado desde então, o fato de tal exemplo, que de certa maneira se transformou em símbolo ou tipo da grande verdade que aqui defendo, ser muito mais antigo que Buridan. Ele se encontra em Dante, que dispunha de todo o saber de sua época, viveu antes de Buridan e não fala de asnos, e sim de seres humanos, com as seguintes palavras, que abrem o quarto livro de seu "Paraíso":

> *Intra duo cibi, distanti e moventi*
> *D'un modo, prima si morría di fame,*
> *Che liber' uomo l'un recasse a' denti.*[107][108]

---

106. Trata-se provavelmente de Pierre Bayle (1647-1706), escritor e filósofo francês. (N.T.)

107. *Inter duos cibos aeque remotos unoque modo motos constitutus, homo prius fame periret, quam ut, absoluta libertate usus, unum eorum dentibus admoveret.* (N.A.)

108. Entre dois bocados distantes e moventes / Do mesmo modo, antes morreria de fome / O homem livre do que levaria um deles aos dentes. (N.T.)

Ele já se encontra inclusive em Aristóteles, *Do céu*, II, 13, com estas palavras: καὶ ὁ λόγος τοῦ πεινῶντος καὶ διψῶντος σφόδρα μὲν, ὁμοίως δὲ, καὶτῶν ἐδωδίμων καὶ ποτῶν ἴσον ἀπέχοντος, καὶ γὰρ τοῦτον ἠρεμεῖν ἀναγκαῖον (*item ea, quae de sitiente vehementer esurienteque dicuntur, cum aeque ab his, quae eduntur atque bibuntur, distat: quiescat enim necesse est*).[109] Buridan, que recebera o exemplo dessas fontes, trocou o homem pelo asno apenas porque era o costume desse maldotado escolástico tomar para seus exemplos ou Sócrates e Platão, ou o *asinum*.

A questão do livre-arbítrio é realmente uma pedra de toque pela qual se pode distinguir os espíritos que pensam profundamente dos superficiais, ou então um marco de fronteira em que ambos se separam, afirmando todos os primeiros a ocorrência necessária da ação no caso de um caráter e um motivo dados, e os últimos, por outro lado, aderindo ao livre-arbítrio junto com a grande massa. Além disso, ainda há uma espécie intermediária que, sentindo-se perplexa, oscila para cá e para lá, desloca seu próprio alvo e o dos outros, refugia-se por trás de palavras e frases feitas, ou torce e retorce a questão por tanto tempo até que não se sabe

---

109. Da mesma forma, o exemplo daquele que sente fome e sede em alto grau, mas com a mesma força, quando se encontra à mesma distância de comida e bebida, pois também ele precisa necessariamente ficar parado, imóvel. (N.E.)

mais o que ela se tornou. Assim já o fez Leibniz, que era muito mais matemático e polímata do que filósofo.[110] Porém, para trazer tais oradores vacilantes ao tema é preciso colocar-lhes a questão da seguinte maneira e perseverar nela:

1) A uma pessoa dada, sob circunstâncias dadas, são possíveis duas ações ou apenas *uma*? – Resposta de todos os pensadores profundos: apenas uma.

2) Poderia o curso de vida transcorrido de uma pessoa dada – visto que, por um lado, seu caráter está imutavelmente estabelecido e que, por outro lado, as circunstâncias cuja influência lhe coube experimentar foram determinadas de modo necessário, de ponta a ponta e até o menor detalhe, por causas externas que sempre ocorrem com estrita necessidade e cuja cadeia, formada tão somente por elos igualmente necessários, ascende até o infinito – ser diferente do que foi em algum ponto, mesmo que seja o mais ínfimo, em qualquer acontecimento, qualquer cena? – Um *não!* é a resposta consequente e correta.

A conclusão das duas proposições é: *tudo o que acontece, do maior ao menor, acontece de modo necessário. Quidquid fit necessario fit.*[111]

---

110. A instabilidade de Leibniz nesse ponto mostra-se da maneira mais clara em sua carta a Coste, *Opera philosophica*, ed. Erdmann, p. 447; logo depois, também na *Théodicée*, seções 45-53. (N.A.)

111. Tudo o que acontece, acontece necessariamente. (N.T.)

Quem se assusta com essas proposições ainda tem algumas coisas a aprender e outras a desaprender: depois disso, porém, reconhecerá que elas são a mais abundante fonte de consolo e apaziguamento. – Nossos atos não são por certo um primeiro início, e, por isso, nada realmente novo chega à existência com eles: mas, *através do que fazemos, apenas tomamos conhecimento do que somos*.

Sobre a convicção, embora não claramente reconhecida mas sentida, da estrita necessidade de tudo o que ocorre também se apoia a perspectiva, tão firme entre os antigos, do *fatum*[112], da εἱμαρμενη[113], bem como o fatalismo dos maometanos e até mesmo a crença – inextinguível por toda parte – em *omina*[114], pois mesmo o menor acidente ocorre de modo necessário e todos os eventos mantêm por assim dizer o mesmo ritmo entre si, e dessa forma tudo ressoa em tudo. Por fim, isso se relaciona inclusive com o fato de aquele que mutilou ou matou outra pessoa sem a mais ligeira intenção e de maneira inteiramente acidental lamentar esse *piaculum*[115] por toda a sua vida com um sentimento que parece afim ao da culpa, também experimentando dos outros, como *persona piacularis* (pessoa infortunada),

---

112. Fado, destino. (N.T.)

113. Heimármene: (deusa grega do) destino inevitável. (N.T.)

114. Presságios, augúrios. (N.T.)

115. Infortúnio. (N.E.)

um tipo peculiar de descrédito. Inclusive a doutrina cristã da predestinação não deixou por certo de ser influenciada pela convicção sentida da imutabilidade do caráter e da necessidade de suas manifestações. – Por fim, tampouco quero deixar de fazer aqui ainda a seguinte observação, inteiramente de passagem, que cada um poderá a seu critério deixar valer ou não segundo pense sobre certas coisas. Se não admitirmos a estrita necessidade de tudo o que acontece graças a uma cadeia causal que conecta todos os acontecimentos sem distinção, mas deixarmos que esta última seja interrompida em inúmeros pontos por uma liberdade absoluta, então toda *previsão do futuro* no sonho, no sonambulismo clarividente e na segunda visão (*second sight*) se torna inclusive *objetivamente* e, em consequência, absolutamente *impossível* e, por conseguinte, impensável, pois então não haveria qualquer futuro objetivamente real que porventura pudesse ser previsto: em vez disso, colocamos em dúvida agora apenas as condições *subjetivas* para tanto, ou seja, a possibilidade *subjetiva*. E mesmo essa dúvida não pode mais ganhar espaço hoje em dia entre os bem instruídos depois que incontáveis testemunhos, das partes mais confiáveis, constataram tais antecipações do futuro.

Acrescento ainda algumas observações como corolários à doutrina verificada da necessidade de tudo o que acontece.

O que seria deste mundo se a necessidade não perpassasse todas as coisas e as mantivesse coesas, e, em especial, se não presidisse a geração dos indivíduos? Um monstro, um monte de escombros, uma carantonha sem sentido nem significado – ou seja, a obra do verdadeiro e genuíno acaso. –

Desejar que algum acontecimento não tivesse ocorrido é um tolo autossuplício: pois significa desejar algo absolutamente impossível, sendo tão irracional quanto o desejo de que o Sol nasça no oeste. Justamente porque tudo o que acontece, seja grande ou pequeno, ocorre de maneira *estritamente* necessária é de todo vão pensar sobre o quão insignificantes e casuais foram as causas que provocaram esse acontecimento e o quão facilmente poderiam ter sido diferentes: pois isso é ilusório, visto que todas elas ocorreram com a mesma estrita necessidade e atuaram com o mesmo poder pleno daquelas devido às quais o Sol nasce no leste. Devemos, antes, contemplar os eventos tal como ocorrem com o mesmo olho com que contemplamos o texto impresso que lemos, bem sabendo que ele aí estava antes que o lêssemos.

IV

Predecessores

Para comprovar a afirmação anterior sobre o juízo de todos os pensadores profundos em relação ao nosso problema, quero recordar alguns dos grandes homens que se pronunciaram nesse sentido.

Em primeiro lugar, para tranquilizar aqueles que porventura possam acreditar que motivos religiosos se oporiam à verdade por mim defendida, recordo que Jeremias (10, 23) já disse: "Não cabe ao homem determinar o seu caminho, nem ao que caminha o dirigir os seus passos". Mas refiro-me em especial a Lutero, que, num livro escrito expressamente para tanto, *De servo arbitrio*, contesta o livre-arbítrio com toda a sua veemência. Alguns trechos dele bastam para caracterizar sua opinião, que ele naturalmente não apoia com razões filosóficas, mas teológicas. Cito-os conforme a edição de Sebastian Schmidt, Estrasburgo, 1707. – Nela consta, à página 145: *Quare simul in omnium cordibus scriptum invenitur, liberum arbitrium nihil esse; licet obscuretur tot disputationibus contrariis et tanta tot virorum auctoritate.* – Página 214: *Hoc loco admonitos velim liberi arbitrii tutores, ut sciant, sese esse abnegatores Christi, dum asserunt liberum arbitrium.* – Página

220: *Contra liberum arbitrium pugnabunt Scripturae testimonia, quotquot de Christo loquuntur. At ea sunt innumerabilia, imo tota Scriptura. Ideo, si Scriptura judice causam agimus, omnibus modis vicero, ut ne jota unum aut apex sit reliquus, qui non damnet dogma liberi arbitrii.* –[116]

Passemos agora aos filósofos. Não cabe considerar seriamente aqui os antigos, visto que sua filosofia, por assim dizer ainda em estado de inocência, ainda não alcançara uma consciência clara dos dois mais profundos e mais espinhosos problemas da filosofia moderna, a saber, a questão do livre-arbítrio e a da realidade do mundo exterior, ou da relação do ideal com o real. De resto, até que ponto o problema do livre-arbítrio se tornou claro aos antigos pode ser razoavelmente depreendido da *Ética a Nicômaco*, III, capítulos 1-8, de Aristóteles, na qual veremos que seu pensamento a respeito refere-se no essencial apenas à liberdade física e à intelectual, motivo pelo qual ele sempre fala apenas

---

116. Por isso encontramos inscrito da mesma forma em todos os corações que o livre-arbítrio não é nada; ainda que essa convicção seja obscurecida por tantas afirmações contrárias e muitas autoridades. – Gostaria de lembrar aqui aos defensores do livre-arbítrio para que reflitam sobre o fato de, com seu livre-arbítrio, negarem Cristo. – Todos os testemunhos da Escritura que tratam de Cristo contestam o livre-arbítrio. Mas estes são incontáveis, e inclusive toda a Escritura trata dele. Se assim transformarmos a Escritura em juiz do assunto, vencerei de toda maneira, pois não resta um i ou um traço que não condene a doutrina do livre-arbítrio. (N.E.)

de ἑκούσιον και ἀκούσιον[117], tomando voluntário e livre como uma coisa só. O problema muito mais sério da *liberdade moral* ainda não se apresentara a ele, por mais que às vezes seus pensamentos chegassem até esse ponto, em especial na *Ética a Nicômaco*, II, 2 e III, 7, na qual no entanto ele cai no erro de derivar o caráter dos atos, em vez do contrário. Da mesma forma, ele critica de maneira bastante equivocada a convicção de Sócrates anteriormente citada por mim; em outras passagens, porém, volta a adotá-la, por exemplo, na *Ética a Nicômaco*, X, 10: τὸ μὲν οὖν τῆς φύσεως δῆλον ὡς οὐκ ἐφ' ἡμῖν ὑπάρχει, ἀλλὰ διά τινας θείας αἰτίας τοῖς ὡς ἀληθῶς εὐτυχέσιν ὑπάρχει (*quod igitur a natura tribuitur, id in nostra potestate non esse, sed, ab aliqua divina causa profectum, inesse in iis, qui revera sunt fortunati, perspicuum est*).[118] *Mox:* Δεῖ δὴ τὸ ἦθος προϋπάρχειν πως οἰκεῖον τῆς ἀρετῆς, στέργον τὸ καλὸν καὶ δυσχεραῖνον το αἰσχρόν (*Mores igitur ante quodammodo insint oportet, ad virtutem accommodati, qui honestum amplectantur, turpitudineque offendantur*)[119]; o que se harmoniza

---

117. Voluntário e involuntário. (N.E.)

118. Mas, no que se refere à constituição natural, está claro que ela não está em nosso poder, e sim, graças à providência divina, pertence a quem é verdadeiramente afortunado. (N.E.)

119. Em seguida: Assim, o caráter deve existir antes de alguma maneira quando, aparentado à virtude, ama o bem e se ofende com o mal. (N.E.)

com o trecho que apresentei acima, como também com *Ethica magna*, I, 11. Οὐκ ἔσται ὁ προαιρούμενος εἶναι σπουδαιότατος, ἂν μὴ καὶ ἡ φύσις ὑπάρξῃ, βελτίων μέντοι ἔσται (*non enim ut quisque voluerit, erit omnium optimus, nisi etiam natura exstiterit: melior quidem recte erit*).[120] No mesmo sentido, Aristóteles trata a questão do livre-arbítrio na *Ethica magna*, I, 9-18, e na *Ética a Eudemo*, II, 6-10, na qual se aproxima ainda um pouco mais do autêntico problema: mas é tudo vacilante e superficial. Em todas as ocasiões, seu método não é entrar direto nos assuntos, procedendo analiticamente, mas, sinteticamente, extrair conclusões de características externas: em vez de penetrar para chegar ao cerne das coisas, ele se atém a marcas externas, inclusive a palavras. Esse método desorienta facilmente e, no caso de problemas mais profundos, jamais conduz ao alvo. Aqui, pois, ele fica parado diante da suposta oposição entre o necessário e o voluntário, ἀναγκαιον και ἑκουσιον, como que diante de um muro: mas é só do outro lado dele que se encontra a compreensão de que o voluntário é *necessário* precisamente *como tal*, graças ao motivo, sem o qual um ato de vontade é tão impossível quanto sem um sujeito que quer, motivo esse que é uma causa tanto quanto a causa mecânica, da qual se distingue apenas no inessen-

---

120. Ninguém pode se tornar o melhor pelo mero propósito se não existir também a constituição natural para tanto, mas por certo pode se tornar melhor. (N.E.)

cial; afinal, ele mesmo diz (*Ética a Eudemo*, II, 10): ἡ γὰρ οὗ ἕνεκα μία τῶν αἰτιῶν ἐστίν (*nam id, cujus gratia, una e causarum numero est*).[121] Justo por isso, aquela oposição entre o voluntário e o necessário é radicalmente falsa, ainda que para muitos supostos filósofos as coisas se passem ainda hoje exatamente como para Aristóteles.

Cícero já apresenta o problema do livre-arbítrio de maneira bastante clara no livro *De fato*, capítulos 10 e 17. O objeto de seu estudo leva sem dúvida muito fácil e naturalmente a isso. Ele próprio concorda com o livre-arbítrio: mas vemos que já Crisipo e Diodoro[122] devem ter se dado conta do problema com maior ou menor clareza. – Digno de atenção é também o trigésimo diálogo dos mortos de Luciano[123], entre Minos e Sóstratos,

---

121. Pois o fim é um dos tipos de causas. (N.E.)

122. Diodoro (falecido em 307 a.C.): membro da escola megárica, considerado um dos maiores dialéticos de seu tempo; Crisipo (c. 280-208 a.C.): o terceiro líder da escola estoica de Atenas. Cícero (106-43 a.C.) os contrapõe em *De fato* [Do destino], em que Diodoro afirma: "Apenas o que se torna real foi possível: e tudo o que é real também é necessário", e Crisipo rebate: "Muitas coisas possíveis jamais se tornam reais: pois apenas o necessário se torna real". Ver Schopenhauer, *O mundo como vontade e representação*, Apêndice: Crítica da filosofia kantiana. (N.T.)

123. Luciano de Samósata (120-180): satirista grego, afim aos filósofos cínicos. Entre suas principais obras constam *Diálogos dos deuses*, *Diálogos das heteras* e *Diálogos dos mortos*. No trigésimo diálogo (cont.)

em que se nega o livre-arbítrio e, com ele, a responsabilidade.

Porém, de certo modo, já o quarto livro dos Macabeus, na Septuaginta (ele falta em Lutero), é um tratado sobre o livre-arbítrio ao colocar-se a tarefa de demonstrar que a razão (λογισμος) tem a força para superar todas as paixões e afetos, o que é provado pelos mártires judeus no segundo livro.

O mais antigo discernimento claro de nosso problema que conheço mostra-se em Clemente de Alexandria quando diz (*Stromata*, I, seção 17): οὔτε δὲ οἱ ἔπαινοι, οὔτε οἱ ψόγοι, οὔθ᾽ αἱ τιμαί, οὔθ᾽ αἱ κολάσεις, δίκαιαι, μὴ τῆς ψυχῆς ἐχούσης τὴν ἐξουσίαν τῆς ὁρμῆς καὶ ἀφορμῆς, ἀλλ᾽ ἀκουσίου τῆς κακίας οὔσης (*nec laudes, nec vituperationes, nec honores, nec supplicia justa sunt, si anima non habeat liberam potestatem et appetendi et abstinendi, sed sit vitium involuntarium*)[124];

(cont.) deste último livro, o salteador Sóstratos é condenado por Minos, um dos juízes do reino dos mortos, a ser jogado no rio de fogo, mas escapa da pena ao argumentar que cometera todos os seus crimes por determinação da deusa do destino, Cloto, que, por ocasião do nascimento de cada pessoa, prescreveria todos os atos de sua vida. (N.T.)

124. Nem louvor nem censura, nem honras nem punição são justos se a alma não possui a faculdade da inclinação e da repulsa, mas a maldade for involuntária. (N.E.) Clemente de Alexandria (c. 150-215): doutor da Igreja. Seus *Stromata* [Miscelâneas] são uma coletânea de textos sobre os mais diversos assuntos. (N.T.)

em seguida, depois de uma oração intercalada referindo-se a algo dito anteriormente: ἵν' ὅτι μαλιστα ὁ θεος μεν ἡμιν κακιας ἀναιτιος (*ut vel maxime quidem Deus nobis non sit causa vitii*).[125] Essa oração posposta altamente notável mostra em que sentido a Igreja apreendeu de imediato o problema e que decisão logo antecipou como conveniente a seus interesses. – Quase duzentos anos depois, encontramos a doutrina do livre-arbítrio já tratada em detalhes por Nemésio[126] em sua obra *De natura hominis*, ao final do capítulo 35 e nos capítulos 39-41. O livre-arbítrio é aí identificado sem mais nem menos com a arbitrariedade, ou decisão eletiva, e, por conseguinte, afirmado e demonstrado de modo fervoroso. Mas, de qualquer forma, já é uma ventilação do assunto.

Mas a consciência plenamente desenvolvida de nosso problema, com tudo o que a ele se liga, nós a encontramos pela primeira vez no padre da Igreja Agostinho, que por isso é considerado aqui, embora seja muito mais teólogo do que filósofo. Porém, logo vemos que tal problema o coloca em notável embaraço e inconstante vacilação, o que o leva a inconsequências e contradições em seus três livros *De libero arbitrio*. Por um lado, ele não quer, como Pelágio[127],

---

125. De modo que tanto mais a divindade não tem culpa de nosso mal. (N.E.)

126. Pensador cristão, neoplatônico, falecido por volta do ano 400. (N.T.)

127. Heresiarca inglês do século V, cuja doutrina negava o pecado original e a corrupção da natureza humana e, consequentemente, a necessidade do batismo. (N.T.)

conceder tanto ao livre-arbítrio a ponto de que o pecado original, a necessidade de salvação e a livre predestinação fossem abolidos e, em consequência, que o homem pudesse tornar-se justo e digno da bem-aventurança por suas próprias forças. No *Argumento in libros de lib. arb. ex Lib. I, c. 9, Retractationum desumto* ele inclusive dá a entender que teria dito ainda mais em favor desse aspecto da controvérsia (que Lutero mais tarde defendeu com tanta veemência) se aqueles livros não tivessem sido escritos antes do surgimento de Pelágio, contra cuja opinião ele depois redigiu o livro *De natura et gratia*. Entretanto, ele já diz em *De libero arbitrio*, III, 18: *Nunc autem homo non est bonus, nec habet in potestate, ut bonus sit, sive non videndo qualis esse debeat, sive videndo et non volendo esse, qualem debere esse se videt. – Mox: vel ignorando non habet liberum arbitrium voluntatis ad eligendum quid recte faciat; vel resistente carnali consuetudine, quae violentia mortalis successionis quodammodo naturaliter inolevit, videat quid recte faciendum sit, et velit, nec possit implere*[128]; e, no citado *Argumento*:

---

128. Agora, entretanto, um homem não é bom e não está em seu poder ser bom, seja não vendo como deveria ser, seja vendo e não querendo ser como vê que deveria ser. – Mais adiante: pode ser que por ignorância ele não possua a livre decisão da vontade de escolher o que propriamente deveria fazer; ou pode ser que, graças ao hábito carnal, que de certo modo ainda se intensificou naturalmente pelo poder do pecado original mortal, de fato veja como deveria agir de modo correto e também gostaria de fazê-lo, mas não consegue. (N.E.)

Voluntas ergo ipsa, nisi gratia Dei liberatur a servitute, qua facta est serva peccati, et, ut vitia superet, adjuvetur, recte pieque vivi non potest a mortalibus.[129]

Por outro lado, as três razões seguintes o levaram a defender o livre-arbítrio:

1) Sua oposição aos maniqueus[130], contra os quais são expressamente dirigidos os livros *De libero arbitrio*, pois negavam o livre-arbítrio e supunham outra fonte primordial para a maldade, assim como para o mal.[131] A eles já alude no último capítulo do livro *De animae quantitate*: *datum est animae liberum arbitrium, quod qui nugatoriis*

---

129. Se, portanto, a própria vontade não é libertada pela graça divina da servidão, devido à qual se tornou serva do pecado, e apoiada na superação dos vícios, então os mortais não podem viver de maneira justa e piedosa. (N.E.)

130. Adeptos do maniqueísmo, doutrina gnóstica fundada na Pérsia por Mani (216-277) e cujo ponto de partida é um dualismo radical que contrapõe luz e trevas, bem e mal, espírito e matéria. (N.T.)

131. Maldade, mal: em alemão, *Böse* e *Übel*. Conforme observa Schopenhauer em *O mundo como vontade e representação* (livro IV, seção 65), o adjetivo *böse*, "mau", se aplica a seres cognoscentes (animais e seres humanos) e o adjetivo *schlecht*, "ruim" – bem como o substantivo *Übel*, "mal" –, a coisas inanimadas. Tanto num caso quanto no outro, tais seres e coisas são assim qualificados sempre que sejam contrários aos fins de determinada vontade individual, tal como, inversamente, o adjetivo *gut*, "bom", define os seres ou coisas que favorecem determinada aspiração da vontade. (N.T.)

ratiocinationibus labefactare conantur, usque adeo coeci sunt, ut caet.[132]

2) A ilusão natural, por mim descoberta, pela qual o "posso fazer o que quero" é tomado por livre-arbítrio e "*voluntário*" é logo considerado idêntico a "*livre*": *De libero arbitrio*, I, 12. *Quid enim tam in voluntate, quam ipsa voluntas, situm est?*[133]

3) A necessidade de harmonizar a responsabilidade moral do ser humano com a justiça de Deus. Pois não escapou à perspicácia de Agostinho uma dificuldade extremamente séria, cuja eliminação é tão difícil que, até onde sei, todos os filósofos posteriores – com exceção de três, que, por isso, logo consideraremos mais de perto – preferiram esquivar-se tacitamente dela como se não existisse. Agostinho, por outro lado, enuncia-a sem qualquer rodeio, com nobre franqueza, logo nas palavras iniciais dos livros *De libero arbitrio*: *Dic mihi, quaeso, utrum Deus non sit auctor mali?*[134] – E então, mais detalhadamente, logo no segundo capítulo: *Movet autem animum, si peccata ex his animabus sunt, quas Deus creavit, illae autem animae ex Deo;*

---

132. O livre-arbítrio é dado à alma, e quem tenta abalar isso por meio de sofismas farsescos é tão cego que etc. Agostinho, *De animae quantitate* [Da grandeza da alma]. (N.E.)

133. Pois o que está tanto em poder da vontade quanto a própria vontade? (N.E.)

134. Dize-me, por favor: não é Deus o autor do mal? (N.E.)

quomodo non, parvo intervallo, peccata referantur in Deum.[135] Ao que o interlocutor replica: *Id nunc plane abs te dictum est, quod me cogitantem satis excruciat.*[136] – Essa observação extremamente problemática foi retomada por Lutero e enfatizada com toda a impetuosidade de sua eloquência em *De servo arbitrio*, p. 144. *At talem oportere esse Deum, qui* libertate *sua* necessitatem *imponat nobis, ipsa ratio naturalis cogitur confiteri. – Concessa praescientia et omnipotentia, sequitur naturaliter, irrefragabili consequentia, nos per nos ipsos non esse factos, nec vivere, nec agere quidquam, sed per illius omnipotentiam. – Pugnat ex diametro praescientia et omnipotentia Dei cum nostro libero arbitrio. – Omnes homines coguntur inevitabili consequentia admittere, nos non fieri nostra voluntate, sed necessitate; ita nos non facere quod libet, pro jure liberi arbitrii, sed prout Deus praescivit et* agit *consilio et virtute infallibili et immutabili*[137]; etc.

---

135. Inquieta meu ânimo esta questão: se os pecados provêm daquelas almas que Deus criou, mas aquelas almas provêm de Deus, como seria possível que os pecados não recaíssem por muito pouco sobre Deus? (N.E.)

136. Agora disseste exatamente o que não menos também me atormenta em meus pensamentos. (N.E.)

137. Mas já a razão natural precisa admitir que Deus tem de ser tal que, graças à sua *liberdade*, nos submeta à *necessidade*. – Se admitirmos a presciência e a onipotência, segue-se natural e incontestavelmente que não somos feitos ou vivemos ou fazemos qualquer coisa por conta própria, mas apenas por sua (cont.)

No início do século XVII, encontramos Vanini[138] totalmente imbuído desse conhecimento. Este é o cerne e a alma de sua obstinada – embora, sob a pressão da época, tanto quanto possível astutamente dissimulada – rebelião contra o teísmo. Ele volta a esse conhecimento a cada oportunidade e não se cansa de apresentá-lo sob os mais distintos pontos de vista. Por exemplo, em seu *Amphitheatro aeternae providentiae, exercitatio 16*, ele diz: *Si Deus vult peccata, igitur facit: scriptum est enim "omnia quaecunque voluit fecit". Si non vult, tamen committuntur: erit ergo dicendus improvidus, vel impotens, vel crudelis; cum voti sui compos fieri aut nesciat, aut nequeat, aut negligat. – Philosophi inquiunt: si nollet Deus pessimas ac nefarias in orbe vigere actiones, procul dubio uno nutu extra mundi limites omnia flagitia exterminaret, profligaretque: quis enim nostrum divinae potest resistere voluntati? Quomodo invito Deo patrantur scelera, si in actu quoque peccandi scelestis vires subministrat? Ad haec, si contra Dei voluntatem*

(cont.) onipotência. – A presciência e a onipotência de Deus se opõem diametralmente ao nosso livre-arbítrio. – Todos os seres humanos são forçados com consequência inevitável a reconhecer que não é por nossa vontade, e sim pela necessidade, que nos tornamos o que somos, que portanto não podemos fazer o que nos apraz graças a um livre-arbítrio, mas antes conforme Deus previu e *executa* por meio de determinação e virtude infalíveis e imutáveis. (N.E.)

138. Lucilio Vanini (1584-1619): filósofo da natureza do Renascimento italiano. (N.T.)

homo labitur, Deus erit inferior homine, qui ei adversatur, et praevalet. Hinc deducunt: Deus ita desiderat hunc mundum, qualis est: si meliorem vellet, meliorem haberet.[139] – E na *exercitatio* 44 consta: *Instrumentum movetur prout a suo principali dirigitur: sed nostra voluntas in suis operationibus se habet tanquam instrumentum, Deus vero ut agens principale: ergo si haec male operatur, Deo imputandum est. – Voluntas nostra non solum quoad motum, sed quoad substantiam quoque tota a Deo dependet: quare nihil est, quod eidem imputari vere possit, neque ex parte substantiae, neque operationis, sed totum Deo, qui voluntatem sic formavit, et ita movet. – Cum essentia et motus voluntatis sit a Deo, adscribi eidem debent*

---

139. Se Deus quer os pecados, consequentemente os fará, pois está escrito: "tudo o que ele quer, faz". Se ele não os quer e, apesar disso, são cometidos, então temos de declarar que ou ele não é presciente, ou não é onipotente, ou é cruel, pois então não executa sua determinação, seja por ignorância, ou impotência, ou negligência. – Os filósofos dizem: se Deus não quisesse que os atos vergonhosos e infames persistissem no mundo, sem dúvida baniria do mundo e aniquilaria a um sinal todas as infâmias: pois quem de nós seria capaz de resistir à vontade divina? Como os crimes seriam executados contra a vontade de Deus se a cada ação pecaminosa ele concede ao criminoso a força para tanto? Além disso, se o homem transgride a vontade de Deus, então Deus é mais fraco do que o homem, que a ele se opõe e o vence. Disso resulta que Deus quer o mundo como é: se quisesse um mundo melhor, também o teria. Vanini, *Amphitheatro aeternae providentiae* [Anfiteatro da eterna providência]. (N.E.)

vel bonae, vel malae voluntatis operationes, si haec ad illum se habet velut instrumentum.[140] Mas no caso de Vanini não se pode perder de vista que ele sempre usou o estratagema de apresentar sua opinião real na pessoa de um adversário como sendo aquela que ele abomina e quer refutar, demonstrando-a de modo convincente e fundamentado, para em seguida, em sua própria pessoa, opor-se a ela com razões superficiais e argumentos capengas, e então partir triunfante *tanquam re bene gesta*[141] – contando com a malignidade de seu leitor. Graças a essa astúcia, ele enganou inclusive a altamente erudita Sorbonne, que, levando tudo isso a sério, antepôs candidamente seu imprimátur aos seus textos mais ateístas. Com alegria tão mais cordial, ela o assistiu ser queimado vivo três anos mais tarde após lhe cortarem a língua

---

140. O instrumento é movido segundo seu possuidor o dirija: mas, em suas atividades, nossa vontade se comporta como um instrumento, e Deus, em compensação, como o verdadeiro agente: logo, se a vontade age mal, a culpa é de Deus. – Nossa vontade depende não só quanto ao se agir, mas também quanto à sua essência, inteiramente de Deus: não há nada, portanto, de que na verdade pudéssemos culpar a vontade, quer quanto à sua essência ou ao seu agir, mas temos de culpar apenas Deus por tudo, que criou a vontade desse modo e a coloca em movimento. – Como a essência e o movimento da vontade provêm de Deus, cabe atribuir a ele tanto as atividades boas da vontade quanto as ruins, se esta se comporta em relação a Deus como um instrumento. (N.E.)

141. Como se tivesse feito bem suas coisas. (N.E.)

blasfema. Pois esse, afinal, é o argumento verdadeiramente enérgico dos teólogos, e desde que lhes foi tirado as coisas regridem bastante.

Entre os filósofos em sentido estrito, foi Hume, se não me engano, o primeiro a não se desviar da séria dificuldade sugerida pela primeira vez por Agostinho, mas, sem contudo se recordar de Agostinho ou de Lutero e muito menos de Vanini, a apresentou francamente em seu *Essay on Liberty and Necessity*[142], em que, por volta do final, consta: *The ultimate author of all our volitions is the creator of the world, who first bestowed motion on this immense machine, and placed all beings in that particular position, whence every subsequent event, by an unevitable necessity, must result. Human actions therefore either can have no turpitude at all, as proceeding from so good a cause, or, if they have any turpitude, they must involve* our creator *in the same guilt, while he is acknowledged to be their ultimate cause and author. For as a man, who fired a mine, is answerable for all the consequences, whether the train employed be long or short; so wherever a continued chain of necessary causes is fixed, that Being, either finite or infinite, who produces the first, is likewise the author of all the rest.*[143] Ele faz uma tentativa de re-

---

142. Hume, *Essay on Liberty and Necessity*, Philosophical Works, ed. Green and Grose, vol. IV, p. 81. (N.E.)

143. Uma tradução deste e dos demais trechos em inglês será bem-vinda a muitos leitores alemães: "O autor último de todas as nossas volições é o (cont.)

solver essa dificuldade, mas confessa ao final que a considera insolúvel.

Kant, independentemente de seus predecessores, também tropeça na mesma pedra de escândalo na *Crítica da razão prática*, página 180 e seguintes da quarta edição e página 232 da edição de Rosenkranz: "No entanto, tão logo admitamos que Deus, como ser primordial universal, também é a *causa da existência da substância*, parece que também temos de aceitar que as ações do homem têm sua razão determinante no que está inteiramente fora de seu poder, a saber, na causalidade de um ser supremo distinto dele, ser do qual dependem por inteiro sua existência e toda a determinação de sua causalidade. – O ser humano seria um autô-

---

(cont.) criador do mundo, que foi o primeiro a dar movimento a essa imensa máquina e a colocar todos os seres naquela posição particular de onde cada evento subsequente, por uma necessidade inevitável, tem de resultar. Portanto, ou as ações humanas não podem apresentar qualquer maldade, visto que procedem de uma causa tão boa, ou, se apresentarem alguma maldade, têm de envolver *nosso criador* na mesma culpa, sendo ele reconhecidamente sua causa última e autor. Pois assim como um homem que acendeu uma mina é responsável por todas as consequências, quer o rastilho de pólvora empregado seja longo ou curto, assim, onde quer que seja estabelecida uma cadeia continuada de causas necessárias, aquele Ser, seja finito ou infinito, que produz a primeira é igualmente o autor de todo o resto". (N.A.)

mato de Vaucanson[144] que foi fabricado e recebeu corda do mestre supremo de todos os engenhos, e a autoconsciência na verdade faria dele um autômato pensante em que a consciência de sua espontaneidade, se fosse tomada por liberdade, seria mera ilusão, porque só merece ser chamada assim comparativamente, pois as causas determinantes imediatas de seu movimento, e uma longa série destas que ascende até suas causas determinantes, são na verdade internas, mas a última e suprema é encontrada inteiramente em mão alheia". – Ele busca então remediar essa grande dificuldade pela distinção entre coisa em si e fenômeno: porém, é tão evidente que através dela nada muda na essência do assunto que estou convencido de que ele absolutamente não falava a sério. Ele próprio também confessa a insuficiência de sua solução na página 184, na qual acrescenta: "Porém, será mais fácil e mais compreensível qualquer outra que se tentou ou que se possa tentar? Antes se diria que os mestres dogmáticos da metafísica provaram mais sua *astúcia* do que sua sinceridade ao afastarem o máximo possível do campo de visão esse ponto difícil, na esperança de que se não falassem absolutamente nada a respeito ninguém tampouco pensaria facilmente nele".

Após essa compilação bastante notável de vozes extremamente heterogêneas que dizem todas a mesma coisa, retorno ao nosso padre da Igreja.

---

144. Jacques de Vaucanson (1709-1782): inventor francês, construtor de autômatos mecânicos. (N.T.)

As razões com que espera eliminar a dificuldade, já por ele sentida em toda a sua gravidade, são teológicas e não filosóficas, ou seja, não têm validade incondicional. A sustentação delas, como foi dito, é a terceira razão, que se soma às duas acima citadas, pela qual ele busca defender um *liberum arbitrium* concedido ao homem por Deus. Esse *liberum arbitrium*, uma vez que se coloca de maneira separadora entre o criador e os pecados de sua criatura, também seria realmente suficiente para eliminar toda a dificuldade se apenas, tal como é fácil dizer com palavras e, quando muito, tal como poderia satisfazer ao pensamento que não fosse muito além delas, ele permanecesse ao menos *pensável* também a uma consideração séria e mais profunda. No entanto, como imaginaríamos que um ser que em toda a sua *existentia* e *essentia* é a obra de outro pode não obstante determinar a si mesmo primordial e completamente, e, em consequência, ser responsável por seu agir? A proposição *operari sequitur esse*[145], quer dizer, as ações de cada ser derivam de sua constituição, derruba aquela suposição, mas ela própria é inderrubável. Se um ser humano age mal, isso provém do fato de ser mau. Mas àquela proposição junta-se seu *corollarium: ergo unde esse, inde operari.*[146] O que diríamos do relojoeiro que se enfurecesse com seu relógio por não andar direito? Ainda que de maior bom grado

---

145. O que se faz se segue do que se é. (N.E.)

146. Logo, donde o ser, daí o agir. (N.E.)

quiséssemos fazer da vontade uma *tabula rasa*, não poderíamos evitar admitir que se, por exemplo, tomarmos dois seres humanos e um deles seguir uma maneira de agir inteiramente oposta à do outro sob o aspecto moral, tal diferença, que afinal tem de provir de algum lugar, tem seu fundamento ou nas circunstâncias externas, quando então a culpa evidentemente não cabe aos seres humanos, ou numa diferença original de sua vontade mesma, quando então a culpa e o mérito mais uma vez não lhes cabem se todo o seu ser e sua essência são obra de um outro. Depois que os grandes homens citados se esforçaram em vão por achar uma saída desse labirinto, confesso de bom grado que pensar a responsabilidade moral da vontade humana sem sua asseidade[147] também ultrapassa minha capacidade de compreensão. Foi sem dúvida a mesma incapacidade que ditou a sétima das oito definições com que Espinosa abre sua *Ética*: *ea res libera dicetur, quae ex sola naturae suae necessitate existit, et a se sola ad agendum determinatur; necessaria autem, vel potius coacta, quae ab alio determinatur ad existendum et operandum.*[148]

---

147. Condição de existir por si mesmo, atributo fundamental de Deus segundo os escolásticos. (N.T.)

148. Deverá ser chamada de livre a coisa que exista apenas pela necessidade de sua própria natureza e que é determinada ao agir apenas por si mesma; porém, é chamada de necessária, ou antes de coagida, aquela que for determinada por outra ao existir e ao agir. (N.E.)

Pois se uma ação má provém da natureza do ser humano, isto é, de sua constituição inata, a culpa é evidentemente do autor dessa natureza. Por isso inventou-se o livre-arbítrio. Porém, admitindo-se isso, simplesmente não é possível compreender de onde proviria a ação, pois no fundo o livre-arbítrio é um atributo meramente *negativo* e significa apenas que nada coage ou impede o ser humano de agir de uma maneira ou de outra. Isso jamais esclarece *de onde* afinal provém a ação, visto que ela não pode resultar da constituição inata ou adquirida do ser humano, pois então seria imputada a seu criador, nem somente das circunstâncias externas, pois então caberia atribuí-la ao acaso, e o ser humano seria portanto inocente em qualquer caso – enquanto, porém, é responsabilizado por isso. A imagem natural de um livre-arbítrio é uma balança vazia: ela pende imóvel e jamais sairá de seu equilíbrio se não se colocar alguma coisa em um de seus pratos. Assim como ela não pode produzir movimento por conta própria, tampouco o livre-arbítrio pode produzir uma ação por conta própria, simplesmente porque do nada, nada resulta. Para que a balança penda para um lado, um corpo alheio precisa ser colocado sobre ela, o qual é então a fonte do movimento. Da mesma forma, a ação humana precisa ser provocada por algo que aja *positivamente* e seja algo mais do que uma liberdade meramente *negativa*. Mas só duas coisas podem fazer isso: ou os motivos por si mesmos, quer dizer, as circunstâncias externas, e, nesse caso, o ser humano evidentemente não é responsável pela ação e todos os seres humanos também teriam de agir exatamente igual sob as mesmas circunstâncias; ou então a ação provém de sua receptividade a tais motivos, ou seja, do caráter inato, quer dizer, das tendências originalmente inerentes ao ser humano, que podem ser diferentes nos indivíduos e graças às quais os motivos atuam. Mas então a vontade não é mais livre: pois essas tendências são o peso colocado no prato da balança. A responsabilidade recai sobre aquele que as colocou aí, quer dizer, aquele cuja obra é o ser humano com tais tendências. Por isso, ele só é responsável pelo seu agir no caso de ele mesmo ser sua própria obra, quer dizer, no caso de ter asseidade.

Todo o ponto de vista aqui apresentado sobre o assunto permite mensurar tudo o que se liga ao livre-arbítrio, que constitui um abismo imprescindível entre o criador e os pecados de sua criatura; donde se torna compreensível por que os teólogos se aferram com tanta obstinação a ele e por que seus escudeiros, os professores de filosofia, os apoiam devidamente nisso com tanto zelo a ponto de, surdos e cegos para as contraprovas mais convincentes dos grandes pensadores, se aferrarem ao livre-arbítrio e por ele lutarem como que *pro ara et focis*.[149]

---

149. Pelo altar e pelo lar. (N.E.) Ou seja, pela *pátria* como um todo, compreendendo o aspecto público, o altar, e o privado, o lar. (N.T.)

No entanto, para enfim concluir meu relato sobre Agostinho acima interrompido: no todo, sua opinião vai no sentido de que na verdade o ser humano teve pleno livre-arbítrio apenas antes da queda, mas, depois dela, abandonado ao pecado original, tem de esperar sua salvação da predestinação e da redenção: – o que significa falar como um padre da Igreja.

Entretanto, graças a Agostinho e sua querela com os maniqueus e os pelagianos, a filosofia despertou para a consciência de nosso problema. Desde então, através dos escolásticos, ele se tornou gradativamente mais claro, do que dão testemunho o sofisma de Buridan e a passagem citada de Dante. – Mas o primeiro a chegar ao fundo da questão, ao que tudo parece, foi Thomas Hobbes, cujo livro expressamente dedicado a esse assunto, *Quaestiones de libertate et necessitate, contra Doctorem Branhallum*, foi publicado em 1656; hoje é um livro raro. Em inglês, ele se encontra em *Th. Hobbes Moral and Political Works*, um volume in-fólio, Londres, 1750, página 469 e seguintes, do qual transcrevo a seguinte passagem capital, à página 483:

6) *Nothing takes a beginning from itself; but from the action of some other immediate agent, without itself. Therefore, when first a man has an appetite or will to something, to which immediately before he had no appetite nor will; the cause of his will is not the will itself, but something else not in his own disposing. So that, whereas it is out of controversy, that of voluntary actions the will is the necessary*

cause, and by this which is said, the will is also necessarily caused *by other things, whereof it disposes not, it follows that voluntary actions have all of them necessary causes, and therefore are* necessitated.

7) *I hold* that *to be a* sufficient *cause, to which nothing is wanting that is needfull to the producing of the* effect. *The same is also a* necessary *cause: for, if it be possible that a* sufficient *cause shall not bring forth the* effect, *then there wanteth somewhat, which was needfull to the producing of it; and so the cause was not* sufficient. *But if it be impossible that a* sufficient *cause should not produce the effect; then is a* sufficient *cause a* necessary *cause. Hence it is manifest, that whatever is produced, is produced* necessarily. *For whatsoever is produced has had a* sufficient *cause to produce it, or else it had not been: and therefore also* voluntary *actions are* necessitated.

8) *That ordinary definition of a free agent (namely that a free agent is that, which, when all things are present, which are needfull to produce the effect, can nevertheless not produce it) implies a contradiction and is Nonsense; being as much as to say, the cause may be* sufficient, *that is to say* necessary, *and yet the effect shall not follow.* –

Página 485. *Every accident, how contingent soever it seem, or how* voluntary *soever it be, is produced* necessarily.[150]

---

150. 6) Nada começa por si mesmo, mas pela ação de algum outro agente imediato externo. Portanto, se um ser humano deseja ou quer algo que (cont.)

Em seu famoso livro *De cive*, capítulo 1, seção 7, ele afirma: *Fertur unusquisque ad appetitionem*

(cont.) imediatamente antes não desejava nem queria, a causa de seu querer não é o querer em si mesmo, mas alguma outra coisa que não está em seu controle. Assim, visto que não há controvérsia quanto ao fato de a vontade ser a causa necessária das ações voluntárias, e, conforme o que foi dito, a vontade também é *causada* necessariamente por outras coisas que não estão em seu controle, segue-se que todas as ações voluntárias têm causas necessárias e, por isso, são *compelidas pela necessidade*.

7) Considero que é uma causa *suficiente aquela* à qual nada falte do que se requeira para a produção do *efeito*. A mesma é também uma causa *necessária*: pois se for possível que uma causa *suficiente* não venha a produzir o *efeito*, então lhe falta algo que era requerido para sua produção; e assim a causa não era *suficiente*. Porém, se é impossível que uma causa *suficiente* não produza o efeito, então uma causa *suficiente* é uma causa *necessária*. Consequentemente, é manifesto que tudo o que é produzido, é produzido *necessariamente*. Pois tudo o que é produzido teve uma causa *suficiente* para produzi-lo; caso contrário, não o teria sido: e, por conseguinte, também as ações *voluntárias* são *compelidas pela necessidade*.

8) Aquela definição ordinária de um agente livre (a saber, que um agente livre é aquele que, quando presentes todas as coisas que se requer para produzir o efeito, pode, ainda assim, não o produzir) encerra uma contradição e é um absurdo, sendo o mesmo que dizer que a causa pode ser *suficiente*, quer dizer, *necessária*, e mesmo assim o efeito não se seguir.

Página 485. Cada evento, por mais contingente que pareça, ou por mais *voluntário* que seja, é produzido *necessariamente*. (N.A.)

ejus, quod sibi bonum, et ad fugam ejus, quod sibi malum est, maxime autem maximi malorum naturalium, quae est mors; idque necessitate quadam naturae non minore, quam qua fertur lapis deorsum.[151]

Logo depois de Hobbes, vemos Espinosa imbuído da mesma convicção. Para caracterizar sua doutrina nesse ponto, bastarão algumas passagens:

Ética, I, proposição 32. *Voluntas non potest vocari causa libera, sed tantum necessaria.* – Corolário 2. *Nam voluntas, ut reliqua omnia, causa indiget, a qua ad operandum certo modo determinatur.*[152]

Ibid., II, último escólio. *Quod denique ad quartam objectionem (de Buridani asina) attinet, dico, me omnino concedere, quod homo in tali aequilibrio positus (nempe qui nihil aliud percipit quam sitim et famem, talem cibum et talem potum, qui aeque ab eo distant) fame et siti peribit.*[153]

---

151. Cada um é impelido a desejar o que é bom para si e a evitar o que é mau; mas, sobretudo, o maior dos males naturais, que é a morte; e isso acontece graças a uma necessidade natural não menor que aquela graças à qual a pedra cai. Hobbes, *De cive* [Do cidadão]. (N.E.)

152. A vontade não pode ser chamada de causa livre, mas apenas de necessária. – Pois a vontade, tal como todas as outras coisas, necessita de uma causa pela qual seja determinada à ação de certo modo. (N.E.)

153. Por fim, no que se refere à quarta objeção (da asna de Buridan), declaro concordar inteiramente que um homem que se encontre em tal equilíbrio (a saber, que não perceba nada senão sede e fome, e tal alimento e tal bebida à mesma distância dele) morrerá de fome e de sede. (N.E.)

Ibid., III, proposição 2, escólio. *Mentis decreta eadem necessitate in mente oriuntur, ac ideae rerum actu existentium. Qui igitur credunt, se ex libero mentis decreto loqui vel tacere, vel quidquam agere, oculis apertis somniant.*[154] – *Epístolas*, 62. *Unaquaeque res necessario a causa externa aliqua determinatur ad existendum et operandum certa ac determinata ratione. Ex. gr. lapis a causa externa, ipsum impellente, certam motus quantitatem accipit, qua postea moveri necessario perget. Concipe jam lapidem, dum moveri pergit, cogitare et scire, se, quantum potest, conari, ut moveri pergat. Hic sane lapis, quandoquidem sui tantummodo conatus est conscius et minime indifferens, se liberrimum esse et nulla alia de causa in motu perseverare credet, quam quia vult. Atque haec humana illa libertas est, quam omnes habere jactant, et quae in hoc solo consistit, quod homines sui appetitus sint conscii, et causarum, a quibus determinantur, ignari.* – *His, quaenam mea de libera et coacta necessitate, deque ficta humana libertate sit sententia, satis explicui.*[155]

---

154. As decisões da mente surgem nela com a mesma necessidade que as ideias das coisas existentes na realidade. Quem portanto acredita que fala, ou cala, ou faz qualquer outra coisa por livre decisão da mente, sonha de olhos abertos. (N.E.)

155. Cada coisa é determinada necessariamente por alguma causa externa a existir e operar de certa e determinada maneira. Por exemplo, a pedra recebe de uma causa externa que a impele certa quantidade de movimento graças à qual continua a se (cont.)

É uma circunstância notável, porém, que Espinosa tenha chegado a essa compreensão apenas em seus últimos (isto é, em seus quarenta) anos, depois de anteriormente, em 1665, quando ainda era cartesiano, ter defendido resoluta e vivamente em suas *Cogitatis metaphysicis*, capítulo 12, a opinião oposta, e inclusive ter dito a respeito do sofisma de Buridan, em contradição direta com o recém-citado último escólio da parte II da *Ética*: *si enim hominem loco asinae ponamus in tali aequilibrio positum, homo, non pro re cogitante, sed pro turpissimo asino erit habendus, si fame et siti pereat.*[156]

(cont.) mover necessariamente depois. Agora suponha que a pedra que continua a se mover pense e se dê conta de estar empenhada o quanto pode em prosseguir o movimento. Então essa pedra, visto que apenas está consciente de seu empenho e de forma alguma é a ele indiferente, acreditará ser inteiramente livre e perseverar em seu movimento por nenhuma outra causa senão o fato de querê-lo. E assim também é com aquela liberdade humana que todos se jactam de ter, e que apenas consiste no fato de os seres humanos serem conscientes de seu querer e ignorarem as causas que os determinam. – Com isso, expliquei suficientemente o que penso acerca da necessidade livre e coagida, e da imaginada liberdade humana. (N.E.)

156. Pois se supormos que um ser humano se encontre no lugar da asna em tal posição de equilíbrio, não caberia considerá-lo um ser pensante, mas um asno totalmente estúpido, se ele morresse de fome e de sede. Espinosa, *Cogitata metaphysica* [Reflexões metafísicas], II, 12. (N.E.)

Mais adiante, relatarei a mesma mudança de opinião e a mesma conversão de dois outros grandes homens. Isso prova o quão difícil e profunda é a correta compreensão de nosso problema.

Hume, em seu *Essay on Liberty and Necessity*, do qual já apresentei uma passagem antes, escreve com a mais clara convicção quanto à necessidade dos atos de vontade particulares no caso de motivos dados, apresentando-a à sua maneira compreensível a todos de forma extremamente inteligível. Ele diz: *Thus it appears that the conjunction between motives and voluntary actions is as regular and uniform as that between the cause and effect in any part of nature.* E mais adiante: *It seems almost impossible, therefore, to engage either in science or action of any kind, without acknowledging the doctrine of necessity and this inference from motives to voluntary actions, from character to conduct.*[157]

Porém, escritor algum demonstrou a necessidade dos atos de vontade de maneira tão pormenorizada e convincente quanto Priestley[158] em sua obra exclusivamente dedicada a esse tema: *The*

---

157. Assim, mostra-se que a conjunção entre motivos e ações voluntárias é tão regular e uniforme quanto aquela entre causa e efeito em qualquer parte da natureza. – Parece quase impossível, portanto, dedicar-se à ciência ou a qualquer tipo de ação sem reconhecer a doutrina da necessidade e essa inferência dos motivos às ações voluntárias, do caráter à conduta. (N.A.)

158. Joseph Priestley (1733-1804): teólogo, filósofo e cientista inglês. (N.T.)

Doctrine of Philosophical Necessity. Quem não for persuadido por esse livro escrito de maneira extremamente clara e compreensível deve estar com seu entendimento realmente paralisado por preconceitos. Para a caracterização de seus resultados, transcrevo algumas passagens, que cito de acordo com a segunda edição, Birmingham, 1782.

Prefácio, página XX. *There is no absurdity more glaring to my understanding, than the notion of philosophical liberty.* – Página 26. *Without a miracle, or the intervention of some foreign cause, no volition or action of any man could have been otherwise, than it has been.* – Página 37. *Though an inclination or affection of mind be not gravity, it influences me and acts upon me as certainly and necessarily, as this power does upon a stone.* – Página 43. *Saying that the will is* self-determined, *gives no idea at all, or rather implies an absurdity, viz: that a* determination, *which is an* effect, *takes place, without any cause at all. For exclusive of every thing that comes under the denomination of* motive, *there is really nothing at all left, to produce the determination. Let a man use what* words *he pleases, he can have no more* conception *how we can sometimes be determined by motives, and sometimes without any motive, than he can have of a scale being sometimes weighed down by weights, and sometimes by a kind of substance that has no weight at all, which, whatever it be in itself, must, with respect to the scale be* nothing. – Página 66. *In proper philosophical language, the motive ought to be call'd the* proper cause *of the action. It is as much so as any thing in nature is the cause of any thing else.* – Página 84. *It will never be in our power to choose two things, when all the previous circumstances are the very same.* – Página 90. *A man indeed, when he reproaches himself for any particular action in his passed conduct, may fancy that, if he was in the same situation again, he would have acted differently. But this is a mere* deception; *and if he examines himself strictly, and takes in all circumstances, he may be satisfied that, with the same inward disposition of mind, and with precisely the same view of things, that he had then, and exclusive of all others, that he has acquired by reflection* since, *he could not have acted otherwise than he did.* – Página 287. *In short, there is no choice in the case, but of the doctrine of necessity or absolute nonsense.* –[159]

---

159. Página XX. Não há absurdo mais evidente para meu entendimento do que a noção de liberdade filosófica. – Página 26. Sem um milagre ou a intervenção de alguma causa externa, nenhuma volição ou ação de pessoa alguma poderia ter sido diferente do que foi. – Página 37. Embora uma inclinação ou pendor da mente não seja a gravidade, ela me influencia e age sobre mim de modo tão certo e necessário quanto essa força o faz sobre uma pedra. – Página 43. Dizer que a vontade é *autodeterminada* não nos dá absolutamente qualquer ideia, ou, antes, contém um absurdo, a saber: que uma *determinação*, que é um *efeito*, tem lugar sem causa alguma. Pois, excluindo todas as coisas que admitem a denominação de *motivo*, não resta de fato absolutamente nada para produzir a determinação. Uma pessoa poderá (cont.)

Convém observar que aconteceu com Priestley exatamente o que aconteceu com Espinosa e com outro grandíssimo homem a ser logo citado. Pois Priestley diz no prefácio à primeira edição, página XXVII: *I was not however a ready convert to the doctrine of necessity. Like Dr. Hartley himself, I gave up*

(cont.) usar as *palavras* que quiser, mas ela não conseguirá ter uma *noção* melhor de como podemos às vezes ser determinados por motivos, e às vezes sem motivo algum, do que conseguirá ter acerca de um prato de balança que às vezes é pressionado por pesos e às vezes por uma espécie de substância que não tem peso algum, a qual, seja lá o que for em si mesma, não pode ser *nada* em relação ao prato da balança. – Página 66. Em linguagem filosófica apropriada, o motivo deveria ser chamado de *causa propriamente dita* da ação. Ele o é tanto quanto alguma coisa na natureza é a causa de alguma outra. – Página 84. Jamais estará em nosso poder escolher duas coisas se todas as circunstâncias prévias forem exatamente as mesmas. – Página 90. É verdade que ao censurar-se por alguma ação particular em sua conduta passada uma pessoa poderá imaginar que, se estivesse outra vez na mesma situação, agiria de modo diferente. Mas isso é mera *ilusão*; e se ela fizer um exame rigoroso de si mesma e considerar todas as circunstâncias, poderá convencer-se de que, com a mesma disposição mental interior e com a mesmíssima visão das coisas que tinha então, excluindo todas as outras visões que tenha adquirido desde *então* via reflexão, não poderia ter agido diferentemente do que agiu. – Página 287. Em suma, não há escolha neste caso senão entre a doutrina da necessidade ou o absoluto absurdo. (N.A.)

my liberty with great reluctance, and in a long correspondence, which I once had on the subject, I maintained very strenuously the doctrine of liberty, and did not at all yield to the arguments then proposed to me.[160]

O terceiro grande homem com quem aconteceu exatamente a mesma coisa foi Voltaire, que relata o fato com a amabilidade e a ingenuidade que lhe são próprias. Pois em seu *Traité de Métaphysique*, capítulo 7, ele defendeu o chamado livre-arbítrio de maneira pormenorizada e vivaz. Contudo, em seu livro *Le Philosophe ignorant*, escrito mais de quarenta anos depois, ele ensina a estrita necessitação dos atos de vontade no capítulo 13, que conclui assim: *Archimède est également nécessité de rester dans sa chambre, quand on l'y enferme, et quand il est si fortement occupé d'un problème, qu'il ne reçoit pas l'idée de sortir:*

Ducunt volentem fata, nolentem trahunt.

L'ignorant qui pense ainsi n'a pas toujours pensé de même, mais il est enfin contraint de se rendre.[161] No livro seguinte, *Le principe d'action*,

---

160. Entretanto, não me converti prontamente à doutrina da necessidade. Tal como o próprio dr. Hartley, desisti de minha liberdade com grande relutância, e numa longa correspondência que certa vez mantive sobre o assunto, sustentei com bastante obstinação a doutrina da liberdade e não cedi de forma alguma aos argumentos que então me foram apresentados. (N.A.)

161. Arquimedes é igualmente obrigado a ficar em seu quarto quando o prendem nele e quando está tão (cont.)

capítulo 13, ele diz: *Une boule, qui en pousse une autre, un chien de chasse, qui court nécessairement et volontairement après un cerf, ce cerf, qui franchit un fossé immense avec non moins de nécessité et de volonté: tout cela n'est pas plus invinciblement déterminé que nous le sommes à tout ce que nous fesons.*[162]

Essa conversão uniforme de três cabeças tão sumamente eminentes à nossa compreensão deve contudo deixar perplexo todo aquele que se propuser a atacar verdades bem fundamentadas com o "mas posso fazer o que quero" de sua simplória autoconsciência, o qual nada tem a dizer sobre o assunto.

Após esses predecessores imediatos, não deverá nos admirar que Kant tenha considerado como assunto resolvido, tanto para si como para os outros, a necessidade com que o caráter empírico é determinado às ações pelos motivos, não se detendo em demonstrá-la de novo. Ele começa assim suas

---

(cont.) intensamente ocupado com um problema que não lhe ocorre a ideia de sair:

O destino conduz quem consente e arrasta quem não consente (Sêneca, *Cartas a Lucílio*, 107, 11).

O ignorante que pensa assim nem sempre pensou do mesmo modo, mas por fim é obrigado a se render. (N.E.)

162. Uma bola que empurra outra, um cão de caça que corre necessária e voluntariamente atrás de um cervo, esse cervo, que transpõe um fosso imenso com não menos necessidade e vontade: tudo isso não é mais insuperavelmente determinado do que nós o somos em tudo o que fazemos. (N.E.)

"Ideias sobre uma história universal": "Qualquer que seja o conceito que, com propósito metafísico, possamos fazer do *livre-arbítrio*, seus *fenômenos* – as ações humanas – são contudo determinados segundo as leis universais da natureza, da mesma forma que qualquer outro evento natural". – Na *Crítica da razão pura* (página 548 da primeira edição ou página 577 da quinta[163]) ele diz: "Pelo fato de o próprio caráter empírico precisar ser extraído dos fenômenos como efeito, e da regra destes proporcionada pela experiência, todas as ações do ser humano, no fenômeno, são determinadas a partir de seu caráter empírico e das demais causas cooperantes segundo a ordem da natureza: e se pudéssemos investigar até o fundo todos os fenômenos de seu arbítrio, não haveria uma única ação humana que não poderíamos prever com segurança e reconhecer como necessária a partir de suas condições precedentes. Em vista desse caráter empírico, não existe portanto liberdade, e, no entanto, é apenas de acordo com ele que podemos considerar o ser humano quando simplesmente *observamos* e, como ocorre na antropologia, queremos investigar fisiologicamente as causas moventes de suas ações". – Na mesma obra, página 798 da primeira edição, ou 826 da quinta, consta: "A vontade pode até ser livre, mas isso só dirá respeito à causa inteligível de nosso querer. Pois, no que se refere aos fenômenos das manifestações dela, isto é, às ações, sempre temos

---

163. Mais exatamente: A549-550/B577-578. (N.T.)

de explicá-los, segundo uma máxima fundamental inviolável sem a qual não podemos exercitar razão alguma no uso empírico, como todos os demais fenômenos da natureza, a saber, segundo as leis imutáveis desta". – Além disso, na *Crítica da razão prática*, página 177 da quarta edição, ou 230 da edição de Rosenkranz: "Assim, pode-se admitir que se nos fosse possível ter um discernimento tão profundo da maneira de pensar de um ser humano, tal como se mostra tanto por ações interiores quanto exteriores, a ponto de conhecermos cada móvel delas, mesmo o menor, e, da mesma forma, todos os motivos exteriores agindo sobre estes, poderíamos calcular com segurança a conduta futura de um ser humano tal como calculamos um eclipse da Lua ou do Sol".

A isso, porém, ele liga sua doutrina da coexistência da liberdade com a necessidade, graças à distinção entre o caráter inteligível e o empírico, uma perspectiva à qual retornarei mais adiante, visto que sou inteiramente adepto a ela. Kant a apresentou duas vezes, a saber, na *Crítica da razão pura*, páginas 532-554 da primeira edição, ou 560-582 da quinta, mas ainda mais claramente na *Crítica da razão prática*, páginas 169-179 da quarta edição, ou 224-231 da edição de Rosenkranz: essas passagens, que foram pensadas de maneira extremamente profunda, devem ser lidas por todos aqueles que queiram adquirir um conhecimento fundamentado acerca da compatibilidade da liberdade humana com a necessidade das ações. –

Até aqui, a presente abordagem do tema se distingue das realizações de todos esses nobres e honrados predecessores sobretudo em dois pontos: primeiro, pelo fato de eu ter separado estritamente, segundo estabelecia a questão do concurso, a percepção interna da vontade na autoconsciência e a externa, e ter considerado cada uma delas por si mesma, o que tornou possível, sobretudo, a descoberta da fonte da ilusão que age de maneira tão irresistível sobre a maioria dos seres humanos; segundo, pelo fato de eu ter considerado a vontade em relação com toda a natureza restante, o que ninguém fez antes de mim, e mediante o que, antes de mais nada, o tema pôde ser tratado com aquela minuciosidade, discernimento metódico e totalidade aos quais se presta.

Agora, mais algumas palavras sobre alguns autores que escreveram depois de Kant, mas que não considero meus predecessores.

Em sua *Investigação sobre a liberdade humana*, páginas 465-471, Schelling[164] ofereceu uma paráfrase explicativa da recém-elogiada e extremamente importante doutrina de Kant sobre o caráter inteligível e empírico. Devido à vivacidade

---

164. Friedrich Wilhelm Joseph von Schelling (1775-1854): filósofo do idealismo e do romantismo alemães. Suas *Philosophische Untersuchungen über das Wesen der menschlichen Freiheit und die damit zusammenhängende Gegenstände* [Investigações filosóficas sobre a natureza da liberdade humana e dos temas a ela relacionados] foram publicadas em 1809. (N.T.)

de seu colorido, essa paráfrase pode servir a muitos para tornar o assunto mais compreensível do que o faz a fundamentada mas seca exposição kantiana. Entretanto, não posso mencioná-la sem, em honra da verdade e de Kant, fazer a repreensão de que Schelling, ao apresentar uma das mais importantes e mais admiráveis doutrinas de Kant – e até, a meu ver, a mais profunda de todas –, não diz claramente que aquilo que ora apresenta pertence quanto a seu conteúdo a Kant, expressando-se, pelo contrário, de uma maneira que a grande maioria dos leitores, que não tem exatamente presente o conteúdo das minuciosas e difíceis obras do grande homem, tem de supor que lê aí os pensamentos do próprio Schelling. Quero mostrar com apenas *um* exemplo dentre muitos o quanto o resultado correspondeu nesse caso à intenção. Ainda nos dias de hoje, um jovem professor de filosofia em Halle, o sr. Erdmann, afirma em seu livro de 1837 intitulado *Leib und Seele*[165], à página 101: "ainda que Leibniz, tal como Schelling em seu tratado sobre a liberdade, faça a alma determinar-se antes de todo o tempo" etc. Schelling encontra-se portanto aqui em relação a Kant na feliz situação de Américo Vespúcio em relação a Colombo: a descoberta alheia é rotulada com seu nome. Mas ele também deve isso à sua astúcia, e não ao acaso. Pois, à página 465, ele

---

165. Corpo e alma. O autor é Johann Eduard Erdmann (1805-1892). (N.T.)

começa: "Sobretudo, o *idealismo* foi o primeiro a elevar a doutrina da liberdade àquele âmbito" etc., e então seguem-se imediatamente os pensamentos kantianos. Ou seja, em vez de dizer aí de maneira honesta *Kant*, ele diz astutamente *o idealismo*: sob essa expressão plurívoca, no entanto, todos entenderão a filosofia de Fichte e a primeira filosofia, fichtiana, de Schelling, mas não a doutrina de Kant, visto que este protestou contra a denominação de *idealismo* para sua filosofia (por exemplo, em *Prolegômenos a toda metafísica futura*, página 51, e página 155 da edição de Rosenkranz) e inclusive inseriu em sua segunda edição da *Crítica da razão pura*, à página 274, uma "refutação do idealismo". Schelling, na página seguinte, menciona então muito astutamente, numa frase de passagem, o "conceito kantiano", e isso para apaziguar aqueles que já sabem que se trata de patrimônio kantiano o que aí se vende tão pomposamente como mercadoria própria. Mas então ainda se diz à página 472, desafiando toda a verdade e justiça, que Kant *não* teria se elevado àquela perspectiva na teoria etc., enquanto todos podem ver de modo claro, a partir dos dois trechos imortais de Kant cuja leitura recomendei acima, que precisamente essa perspectiva pertence originalmente apenas a ele, a qual, sem ele, mesmo mil cabeças como os senhores Fichte e Schelling jamais teriam sido capazes de compreender. Visto que tive de falar aqui do tratado de Schelling, não pude calar sobre esse ponto, mas, ao reivindicar para Kant algo que, de modo incontestável, só a ele pertence, apenas cumpri meu dever em relação a esse grande mestre da humanidade, que, inteiramente sozinho ao lado de Goethe, é o justo orgulho da nação alemã – ainda mais numa época para a qual vale com toda a propriedade o dito de Goethe: "O povaréu dos moleques da via é senhor".[166] – De resto, no mesmo tratado, Schelling tampouco hesitou em se apropriar dos pensamentos, e até das palavras, de Jacob Böhme[167] sem revelar sua fonte.

Exceto pela paráfrase dos pensamentos kantianos, essas *Investigações sobre a liberdade* nada contêm que pudesse servir para nos proporcionar esclarecimentos novos ou fundamentais sobre ela. Isso também já se anuncia logo no começo através desta definição: a liberdade seria "uma faculdade do bem e do mal". Semelhante definição poderá servir para o catecismo: mas na filosofia ela não diz nada e, por conseguinte, nada se pode fazer com ela. Pois o bem e o mal estão muito longe de serem conceitos simples (*notiones simplices*), que, claros por si mesmos, não necessitassem de explicação, verificação

---

166. Em dia claro, quando os barcos descem, / Sabiamente sobe a corrente o pescador; / Quando os gelos no cascalho e no recife se enrijecem, / O povaréu dos moleques da via é senhor. Goethe, *Parabolisch* [À maneira de parábola], 7, versos 5-8. (N.T.)

167. Jacob Böhme (1575-1624): sapateiro e místico alemão. (N.T.)

e fundamentação. Sobretudo, apenas uma pequena parte daquele tratado aborda a liberdade: seu principal conteúdo é antes um relato pormenorizado sobre um deus a quem o senhor autor revela conhecer intimamente, visto que inclusive nos descreve seu surgimento; apenas é de lamentar que ele não mencione com palavra alguma como é que afinal chegou a esse conhecimento. O início do tratado é constituído por um tecido de sofismas, cuja platitude será reconhecida por todos aqueles que não se deixarem intimidar pelo atrevimento do tom.

Desde então, e em consequência desse e de semelhantes produtos, temos na filosofia alemã, no lugar dos conceitos claros e da investigação honesta, a "intuição intelectual" e o "pensamento absoluto": impressionar, desconcertar, mistificar, jogar areia nos olhos do leitor através de toda sorte de artifícios transformaram-se em método, e, de modo geral, é a intenção em vez da compreensão que orienta a exposição. Devido a isso tudo, a filosofia, caso ainda se queira chamá-la assim, teve de cair mais e mais, e cada vez mais fundo, até por fim alcançar o nível mais baixo da degradação na criatura ministerial Hegel: para sufocar outra vez a liberdade de pensamento conquistada por Kant, ele fez da filosofia, a filha da razão e futura mãe da verdade, a partir de então um instrumento dos fins estatais, do obscurantismo e do jesuitismo protestante: mas, para ocultar a infâmia e, ao mesmo tempo, produzir a maior estupidificação possível das cabeças, ele puxou por cima disso o manto do mais oco palavrório e do mais absurdo galimatias que jamais se ouviu, pelo menos fora do hospício.

Na Inglaterra e na França, a filosofia, considerada em seu todo, ainda se encontra quase ali onde Locke e Condillac[168] a deixaram. Maine de Biran[169], chamado por seu editor, o sr. Cousin, de *le premier métaphysicien Français de mon temps*[170], é, em suas *Nouvelles considérations du physique et du moral*, publicadas em 1834, um partidário fanático do *liberi arbitrii indifferentiae*, tomando-o como um assunto inteiramente óbvio. Não é diferente o que fazem muitos escrevinhadores filosóficos alemães modernos: sob o nome de "liberdade moral", o *liberum arbitrium indifferentiae* aparece em suas obras como algo resolvido, exatamente como se todos os grandes homens acima citados jamais tivessem existido. Eles declaram que o livre-arbítrio é dado imediatamente na autoconsciência, e, devido a isso, estabelecido de maneira tão inabalável que todos os

---

168. Étienne Bonnot de Condillac (1715-1780): autor, entre outras obras, do *Essai sur l'origine des connaissances humaines* [Ensaio sobre a origem dos conhecimentos humanos], 1746, e do *Traité des sensations* [Tratado das sensações], de 1754. (N.T.)

169. Maine de Biran (1766-1824): suas *Nouvelles considérations sur les rapports du physique et du moral de l'homme* [Novas considerações sobre as relações entre o físico e o moral do homem] foram publicadas postumamente. (N.T.)

170. O primeiro metafísico francês de meu tempo. (N.T.)

argumentos contrários não podem ser outra coisa senão sofismas. Essa elevada confiança só provém do fato de essas boas pessoas absolutamente não saberem o que é e o que significa o livre-arbítrio, mas, em sua inocência, não entenderem sob esse nome outra coisa senão o domínio da vontade, analisado em nosso segundo capítulo, sobre os membros do corpo, do qual, porém, jamais um homem sensato duvidou e cuja expressão é justamente aquele "posso fazer o que quero". Isso, pensam eles com inteira sinceridade, é o livre-arbítrio, e insistem que ele está acima de qualquer dúvida. Trata-se precisamente do estado de inocência em que a filosofia hegeliana, depois de tantos grandes predecessores, lançou outra vez o espírito pensante alemão. Para gente dessa laia, poderíamos de fato gritar:

Não sois como as mulheres, que sem cessar
Retornam a suas primeiras palavras
Quando se falou racionalmente por horas a fio?[171]

Em muitos deles, entretanto, podem estar agindo às ocultas os motivos teológicos acima mencionados.

E então, por sua vez, os escritores médicos, zoológicos, históricos, políticos e beletrísticos de nossos dias, o quanto gostam de aproveitar cada

---

171. Schiller, *Wallensteins Tod* [A morte de Wallenstein], ato II, cena 3. (N.E.)

oportunidade para mencionar a "liberdade do homem", a "liberdade moral"! Acreditam que assim são alguma coisa. Entretanto, não se prestam a dar uma explicação de tal liberdade: mas, se pudéssemos examiná-los, descobriríamos que ou não pensam absolutamente nada a propósito dela, ou então que pensam em nosso velho, honrado e bem conhecido *liberum arbitrium indifferentiae*, por mais nobres que sejam as expressões usadas para enunciá-lo, ou seja, um conceito de cuja ilicitude por certo jamais se conseguirá convencer a grande massa, mas do qual os eruditos deveriam se guardar de falar com tanta inocência. Precisamente por isso, também há alguns pusilânimes entre eles que são bastante divertidos, pois não mais se atrevem a falar do livre-*arbítrio*, mas, para refinar as coisas, falam em vez disso da "liberdade de *espírito*", esperando assim escapar-se às furtadelas. Mas, felizmente, posso dizer ao leitor, que me olha com ar interrogativo, no que eles estão pensando: em nada, absolutamente nada – senão que se trata, à boa maneira e arte alemãs, de uma expressão indecisa, que na verdade não diz nada e fornece um desejado apoio para que escapem de seu vazio e de sua covardia. A palavra "espírito", na verdade uma expressão figurada, designa sempre as faculdades *intelectuais* em oposição à vontade: mas estas não devem de forma alguma ser livres em sua atuação, mas primeiro se adaptar, ajustar e subordinar às regras da lógica e, em seguida, ao respectivo *objeto* de seu conhecer para que apreendam de maneira pura, quer dizer, *objetiva*, e jamais se diga *stat pro ratione voluntas*.[172] Sobretudo, esse "espírito", que vagabundeia por toda parte na literatura alemã atual, é um camarada extremamente suspeito, de quem caberia portanto exigir o passaporte lá onde fosse encontrado. Sua ocupação mais frequente é servir de máscara à pobreza de pensamento aliada à covardia. De resto, como se sabe, a palavra *Geist* é aparentada à palavra *Gas*, que, proveniente do árabe e da alquimia, significa vapor ou ar, exatamente como *spiritus*, πνευμα, e *animus*, aparentada com ἀνεμων.[173]

Tal como foi dito, portanto, estão as coisas em relação ao nosso tema no mundo filosófico e no restante

---

172. (*Hoc volo, sic iubeo,*) *stat pro ratione voluntas*: (Tal como quero, assim deve ser,) minha vontade dispensa a argumentação. Juvenal, *Sátiras*, VI, 223. (N.E.) A expressão caracteriza, em Juvenal, a maneira insolente e arrogante com que uma mulher se comporta em relação ao marido, tendo se tornado proverbial para indicar vontade férrea e despótica. (N.T.)

173. Os termos gregos πνευμα ε ἀνεμων significam respectivamente "sopro, vento, ar" e "vento". A relação etimológica entre *Geist* (espírito) e *Gas* (gás) é mencionada apenas pelo dicionarista Johann Christoph Adelung (1732-1806), que conjectura que o criador do termo, o alquimista bruxelense J.B. van Helmont (1577-1644), poderia ter forjado a palavra *Gas* a partir de uma deformação do holandês *Geest*. Dicionários posteriores indicam que *Gas* se deriva na verdade do grego χάος (caos), enquanto *Geist* é um termo propriamente germânico ao qual subjaz a ideia de um estado de exaltação (cultual) do ser humano, de "estar fora de si". (N.T.)

do mundo instruído, depois de tudo o que os mencionados grandes espíritos ensinaram a respeito, algo que mais uma vez comprova não só que a natureza produziu em todas as épocas apenas pouquíssimos pensadores reais, como raras exceções, mas que mesmo esses poucos também sempre estiveram aí somente para muito poucos. Precisamente por isso, a loucura e o erro mantêm continuamente o predomínio. –

Num assunto moral, o testemunho dos grandes poetas também tem seu peso. Eles não falam de acordo com uma investigação sistemática, mas a natureza humana está aberta à sua perspicácia: por isso, seus enunciados acertam imediatamente a verdade. – Em Shakespeare, *Medida por medida*, ato II, cena 2, Isabela implora ao regente Ângelo o perdão para seu irmão condenado à morte:

> *Angelo. I will not do it.*
> *Isab. But can you if you would?*
> *Ang. Look, what I will not, that I cannot do.*[174]

Em *Noite de reis*, ato I, consta:

> *Fate show thy force, ourselves we do not owe,*
> *What is decree'd must be, and be this so.*[175]

---

174. *Ângelo.* Não quero fazê-lo.
Isabela. Mas poderias, se o quisesses?
Ângelo. Veja, o que não *quero*, não *posso*. (N.A.)

175. Destino, mostra tua força, não somos donos de nós mesmos,
O que foi decretado tem de ser, e ser assim. (N.A.)

Também Walter Scott, esse grande conhecedor e pintor do coração humano e de seus mais secretos sentimentos, trouxe à luz de forma pura essa profunda verdade em seu *St. Ronan's Well*, volume 3, capítulo 6.[176] Ele mostra uma pecadora moribunda arrependida que, no leito de morte, busca aliviar sua consciência angustiada por meio de confissões, e, em meio a elas, a faz dizer:

Go, and leave me to my fate; I am the most detestable wretch, that ever liv'd, – detestable to myself, worst of all; because even in my penitence there is a secret whisper that tells me, that were I as I have been, I would again act over all the wickedness I have done, and much worse. Oh! for Heavens assistance, to crush the wicked thought![177]

Uma comprovação *dessa* exposição poética é fornecida pelo seguinte fato que lhe é paralelo, e que ao mesmo tempo confirma da maneira mais enérgica a doutrina da constância do caráter. Ela passou, em 1845, do jornal francês *La Presse* ao *Times* de 2 de julho de 1845, de onde a traduzo. A

---

176. Walter Scott (1771-1832): romancista escocês, publicou *Saint Ronan's Well* [A fonte de Saint Ronan] em 1824. (N.T.)

177. Vai, e abandona-me ao meu destino; sou a mais detestável desgraçada que jamais viveu – detestável a mim mesma mais do que tudo; pois até em minha penitência há um sussurro secreto que me diz que, se eu voltasse a ser o que era, cometeria outra vez todas as perversidades que cometi, e ainda muito piores. Ó, valham-me os céus para esmagar esse pensamento perverso! (N.A.)

manchete diz: *Execução militar em Oran*. "Em 24 de março, o espanhol Aguilar, vulgo Gomez, foi condenado à morte. No dia anterior à execução, em conversa com seu carcereiro, ele disse: 'Não sou tão culpado quanto se diz: fui acusado de ter cometido trinta assassinatos, quando só cometi vinte e seis. Desde criança tive sede de sangue: quando tinha sete anos e meio matei uma criança a punhaladas. Assassinei uma mulher grávida e, mais tarde, um oficial espanhol, razão pela qual me vi obrigado a fugir da Espanha. Refugiei-me na França, onde cometi dois crimes antes de entrar na Legião Estrangeira. De todos os meus crimes, o de que mais me arrependo é o seguinte: em 1841, à frente de minha companhia, fiz prisioneiro um comissário-geral enviado, escoltado por um sargento, um cabo e sete homens: mandei decapitar todos eles. A morte dessa gente pesa seriamente sobre mim: vejo-os em meus sonhos, e amanhã os verei nos soldados encarregados de me fuzilar. *Apesar disso, se recuperasse minha liberdade, mataria outros*'."

A seguinte passagem da *Ifigênia* de Goethe (ato IV, cena 2) também cabe aqui:

Arkas. Pois não respeitaste o conselho da lealdade.
Ifigênia. Fiz de bom grado o que fui capaz.
Arkas. Ainda podes mudar de ideia a tempo.
Ifigênia. *Isto simplesmente não está em nosso poder*.

Uma famosa passagem do *Wallenstein* de Schiller também declara nossa verdade fundamental:

Sabei! Os pensamentos e atos do homem não são
Agitados como ondas do mar cegamente.
Em seu mundo interior, seu microcosmo, estão
As fontes donde jorram eternamente.
Tal como o fruto da árvore, *necessários* são,
O acaso trapaceiro não os pode mudar.
Assim que do cerne do homem tiver a visão,
Também conhecerei seu querer, seu obrar.[178]

---

178. Schiller, *Wallensteins Tod* [A morte de Wallenstein], ato II, cena 3, final. (N.E.)

V
Conclusão e perspectiva mais elevada

Recordei aqui de bom grado todos esses gloriosos predecessores, tanto poéticos quanto filosóficos, da verdade por mim defendida. Entretanto, as armas do filósofo não são autoridades, e sim razões; por isso, pleiteei minha causa apenas com elas, e no entanto espero ter lhe dado tal evidência a ponto de agora estar autorizado a extrair a conclusão *a non posse ad non esse*[179], pelo que a negativa – anteriormente fundamentada de modo direto e factual, e, por conseguinte, *a posteriori*, pela investigação da autoconsciência – à questão levantada pela Real Sociedade também está agora fundamentada de maneira mediata e *a priori*: pois o que não existe de forma alguma tampouco poderá ter dados na autoconsciência a partir dos quais se deixasse demonstrar.

Ainda que a verdade aqui defendida possa estar entre aquelas que contrariam as opiniões preconcebidas da turba míope, e que até são escandalosas para os fracos e ignorantes, tal não pôde me

---

179. Do não ser possível ao não ser. (N.E.)

impedir de apresentá-la sem rodeios e sem reservas: visto que aqui não falo ao povo, mas a uma academia esclarecida que não levantou sua muito oportuna questão para consolidar o preconceito, mas em honra da verdade. – Além disso, enquanto ainda se trata de constatar e corroborar uma verdade, seu honesto investigador sempre terá em vista, unicamente, as razões dela e não suas consequências, cujo tempo chegará quando ela própria estiver estabelecida. Examinar apenas as razões sem preocupar-se com as consequências, e não perguntar primeiro se o que se reconhece como uma verdade também está ou não em harmonia com o sistema de nossas demais convicções – eis o que já recomenda Kant, cujas palavras não posso deixar de repetir aqui: "Isso reforça a máxima, já reconhecida e louvada por outros, de, em toda investigação científica, prosseguir imperturbado seu caminho com toda a exatidão e franqueza possíveis, sem se importar com o que ela porventura poderia transgredir fora de seu campo, mas executando-a à parte, o quanto se conseguir, de modo veraz e completo. A observação frequente me convenceu que quando se levou até o fim essa tarefa, aquilo que no meio dela me parecia por vezes bastante duvidoso ao se considerar outras doutrinas externas, no fim, se afastasse meus olhos dessa dificuldade por tempo suficiente e atentasse apenas à minha tarefa até ela estar completa, se harmonizava perfeitamente, de maneira inesperada, com o que fora encontrado de forma espontânea sem a menor consideração por aquelas doutrinas, sem parcialidade e predileção por elas. Os escritores se poupariam muitos erros, muitos esforços perdidos (pois estes se apoiavam em ilusões), se apenas pudessem se decidir a colocar mãos à obra com um pouco mais de franqueza" (*Crítica da razão prática*, página 190 da quarta edição, ou 239 da edição de Rosenkranz).

Afinal, nossos conhecimentos metafísicos em geral por certo ainda estão imensamente distantes de apresentar tamanha certeza que se pudesse rejeitar alguma verdade demonstrada de maneira sólida pelo fato de suas consequências não se ajustarem a eles. Ao contrário, cada verdade obtida e comprovada é uma parte conquistada do campo dos problemas do saber em geral e um ponto fixo para apoiar as alavancas que moverão outros pesos, e até, em casos propícios, a partir do qual nos alçamos de forma repentina a uma perspectiva mais elevada do todo que aquela que até então tínhamos. Pois o encadeamento de verdades em cada campo do saber é tão grande que quem obtiver a posse plenamente segura de uma única delas pode ter esperança de porventura conquistar o todo a partir daí. Assim como num difícil problema algébrico uma única grandeza positivamente dada tem valor inestimável por tornar a solução possível, da mesma forma, no mais difícil de todos os problemas humanos que é a metafísica, o conhecimento seguro, demonstrado *a priori* e *a posteriori*, da estrita necessidade com que as ações ocorrem a partir de um caráter dado e de motivos dados é um tal dado inestimável, e, partindo-se apenas dele, pode-se chegar à solução de todo o problema. Por isso, tudo o que não pode apresentar uma certificação sólida e científica precisa ceder o lugar a uma tal verdade bem fundamentada onde estiver no caminho dela, mas não esta àquilo: e ela não deverá de forma alguma consentir em acomodações e restrições a fim de se harmonizar com teses não demonstradas e talvez errôneas.

Permitam-me aqui mais uma observação geral. Um olhar retrospectivo ao nosso resultado dá ensejo à ponderação de que quanto aos dois problemas que já no capítulo anterior foram qualificados como os mais profundos da filosofia dos modernos, mas que, em compensação, não eram claramente conscientes para os antigos – a saber, o problema do livre-arbítrio e o da relação entre o ideal e o real –, o entendimento são, mas grosseiro, não é apenas incompetente, porém mostra inclusive um decidido pendor natural para o erro, requerendo-se uma filosofia já bem mais avançada para resgatá-lo dele. Pois quanto ao *conhecer*, é-lhe realmente natural atribuir demais ao *objeto*; por isso se precisou de Locke e de Kant para mostrar o quanto dele provém do *sujeito*. Quanto ao *querer*, por outro lado, o entendimento tem o pendor contrário a atribuir muito pouco ao *objeto* e demais ao *sujeito*, pois faz o querer emanar inteiramente *deste*, sem considerar devidamente o fator situado no *objeto*, os motivos, que na verdade determinam toda a constituição individual das ações, enquanto apenas seu elemento geral e essencial, a saber, seu caráter moral fundamental, emana do *sujeito*. Semelhante inversão nas investigações especulativas, natural ao entendimento, não deve contudo nos admirar, visto que ele é originalmente destinado apenas a fins práticos e de modo algum a fins especulativos. –

Se então, em consequência de nossa exposição feita até aqui, eliminamos completamente toda a liberdade do agir humano e o reconhecemos como inteiramente submetido à mais estrita necessidade, justamente por isso fomos levados ao ponto em que poderemos compreender *a verdadeira liberdade moral*, que é de tipo mais elevado.

Pois existe mais um fato da consciência que desconsiderei por inteiro até aqui para não perturbar o andamento da investigação. Este é o sentimento plenamente claro e seguro da *responsabilidade* pelo que fazemos, da *imputabilidade* de nossas ações, que repousa sobre a certeza inabalável de que nós próprios somos os *agentes de nossos atos*. Graças a essa consciência, jamais vem à mente de alguém, nem à daquele que estiver plenamente convencido da necessidade, exposta até aqui, com que ocorrem nossas ações, desculpar-se por um delito através dessa necessidade e transferir a culpa de si para os motivos, visto que afinal, quando estes se apresentaram, a ação era inevitável. Pois ele reconhece muito bem que essa necessidade tem uma condição *subjetiva*, e que aqui *objective*[180], quer dizer, sob as circunstâncias existentes, ou seja, sob a influência dos motivos que o determinaram, uma ação inteiramente diferente, e até frontalmente oposta à sua, era perfeitamente possível e teria podido acontecer *desde que ele tivesse sido um outro*: as coisas dependeram somente disso. A ele, por ser este e nenhum outro, por ter um caráter tal e qual, não era possível qualquer outra ação, mas em si mesma, ou seja, *objective*, ela era possível. Por isso, a *responsabilidade* da qual ele está consciente apenas atinge de início e de modo ostensivo a ação, mas, no fundo, atinge *seu caráter*: ele se sente responsável por *este*. E os outros também o responsabilizam por *este*, pois seu juízo logo abandona o ato para constatar as qualidades do agente: "É uma má pessoa, um malfeitor", ou "É um patife", ou "É uma alma pequena, falsa, infame" – esse é o juízo deles, e suas censuras se dirigem a seu *caráter*. O ato, junto com o motivo, é considerado apenas como testemunho do caráter do agente, mas vale como sintoma seguro dele, pelo qual está estabelecido de maneira irrevogável e para sempre. Por isso, Aristóteles diz de maneira extremamente correta: Ἐγκωμιάζομεν πράξαντας· τὰ δ'ἔργα σημεῖα τῆς ἕξεώς ἐστι, ἐπεὶ ἐπαινοῖμεν ἂν καὶ μὴ πεπραγότα, εἰ πιστεύοιμεν εἶναι τοιοῦτον. – *Rhetorica*, I, 9. (*Encomio celebramus eos, qui egerunt: opera autem signa habitus sunt; quoniam laudaremus etiam qui non egisset, si*

---

180. Objetivamente. (N.T.)

crederemus esse talem.)[181] Assim, o ódio, a repulsa e o desprezo não se lançam sobre o ato passageiro, mas sobre as qualidades permanentes do agente, quer dizer, do caráter do qual proveio o ato. Por isso, em todas as línguas os epítetos da maldade moral, os insultos que a designam, são antes predicados do *ser humano* que das ações. Elas são atribuídas ao *caráter*: pois este tem de carregar a culpa que, por ocasião das ações, foi meramente provada.

Lá onde está a *culpa* também precisa estar a *responsabilidade*: e como esta é o único dado que autoriza a inferir a liberdade moral, a *liberdade* também deve se achar nesse mesmo lugar, ou seja, *no caráter* do ser humano; tanto mais que nos persuadimos de modo suficiente que ela não pode ser encontrada diretamente nas ações particulares, que, sob o pressuposto do caráter, ocorrem de maneira estritamente necessária. Mas o caráter, como foi mostrado no terceiro capítulo, é inato e imutável.

Portanto, observaremos agora ainda um pouco mais de perto a liberdade nesse sentido, o único para o qual existem dados, para, depois de a termos deduzido de um fato da consciência e termos encontrado seu lugar, também a compreendermos filosoficamente até onde for possível.

---

181. Elogiamos depois de consumada a ação; mas as ações são apenas indícios do caráter, pois também elogiaríamos se a ação não fosse praticada, desde que apenas acreditássemos que alguém fosse capaz dela. Aristóteles, *Retórica*, I, 9, p. 1367b 31. (N.E.)

Concluiu-se no terceiro capítulo que toda ação de um ser humano é o produto de dois fatores: seu caráter e o motivo. Isso não significa de forma alguma que ela seja algo médio, como que o compromisso entre o motivo e o caráter, mas ela satisfaz plenamente a ambos ao apoiar-se, de acordo com todas as suas possibilidades, nos dois ao mesmo tempo, quer dizer, no fato de o motivo atuante afetar esse caráter e esse caráter ser determinável por um tal motivo. O caráter é a constituição empiricamente conhecida, persistente e imutável de uma vontade individual. Visto que esse caráter é um fator tão necessário para cada ação quanto o motivo, explica-se assim o sentimento de que nossos atos partem de nós mesmos, ou aquele "*eu quero*" que acompanha todas as nossas ações e graças ao qual cada um tem de reconhecê-las como atos *seus*, pelos quais se sente portanto moralmente responsável. Mas este é, mais uma vez, precisamente aquele "eu quero, e quero sempre apenas o que quero" anteriormente encontrado na investigação da autoconsciência – e que leva o entendimento grosseiro a sustentar tenazmente uma liberdade absoluta do fazer e do omitir, um *liberum arbitrium indifferentiae*. Só que isso não é nada mais do que a consciência do segundo fator da ação, que, por si mesmo, seria absolutamente incapaz de produzi-la, mas que, em compensação, é igualmente incapaz de não a praticar quando surge o motivo. Porém, apenas ao ser colocado em funcionamento dessa maneira é que esse fator informa sua própria constituição à faculdade cognitiva, que, essencialmente voltada para fora e não para dentro, inclusive conhece a constituição da própria vontade apenas empiricamente a partir de suas ações. Esse conhecimento mais exato e que se torna cada vez mais íntimo é o que propriamente se chama de *consciência moral*, a qual, justo por isso, também se manifesta *diretamente* apenas *depois* da ação; *antes*, no máximo apenas *indiretamente*, ao ser porventura considerada durante a deliberação, mediante a reflexão e o olhar retrospectivo a casos semelhantes sobre os quais ela já se declarou, como algo que virá no futuro.

Mas aqui é o lugar de recordar a exposição dada por Kant, já mencionada no capítulo anterior, sobre a relação entre o caráter empírico e o inteligível, e, assim, sobre a compatibilidade da liberdade com a necessidade, exposição que está entre as coisas mais belas e mais profundamente pensadas que esse grande espírito, e até mesmo a humanidade, jamais produziu. Preciso apenas referir-me a ela, visto que seria um alongamento supérfluo repeti-la aqui. Mas é somente a partir dela que se pode compreender, até onde forças humanas o conseguem, como a estrita necessidade de nossas ações não obstante coexiste com aquela liberdade testemunhada pelo sentimento de responsabilidade, e graças à qual somos os agentes de nossos atos e estes nos são moralmente atribuíveis. – Aquela relação exposta por Kant entre o caráter empírico e o inteligível repousa inteiramente sobre aquilo que constitui o traço fundamental de toda a sua filosofia, a saber, a distinção entre fenômeno e coisa em si: e tal como em sua obra a completa *realidade empírica* do mundo da experiência coexiste com sua *idealidade transcendental*, assim também a estrita *necessidade empírica* do agir coexiste com sua *liberdade transcendental*. Pois, na condição de objeto da experiência, o caráter empírico, como o ser humano inteiro, é um mero fenômeno, e, por isso, ligado às formas de todo fenômeno – tempo, espaço e causalidade – e submetido a suas leis: em contrapartida, a condição e o fundamento de todo esse fenômeno, independentes dessas formas como coisa em si e por isso não submetidos a qualquer distinção temporal, portanto persistentes e imutáveis, são seu *caráter inteligível*, quer dizer, sua vontade como coisa em si, vontade à qual, nessa qualidade, também cabe de fato liberdade absoluta, quer dizer, independência da lei da causalidade (como uma mera forma dos fenômenos). Entretanto essa liberdade é uma liberdade *transcendental*, quer dizer, que não se manifesta no fenômeno, mas existe apenas na medida em que abstraímos do fenômeno e de todas as suas formas para chegar àquilo que, fora de todo o tempo, cabe ser pensado como a essência interior do ser humano em si mesmo. Graças a essa liberdade, todos os atos do ser humano são sua própria obra, por mais necessariamente que também provenham do caráter empírico em seu encontro com os motivos, pois esse caráter empírico é apenas o fenômeno do caráter inteligível em nossa *faculdade cognitiva* ligada ao tempo, ao espaço e à causalidade, quer dizer, a maneira como a essa faculdade se apresenta a essência em si de nosso próprio si mesmo. Consequentemente, a *vontade* é na verdade livre, mas apenas em si mesma e fora do fenômeno: neste, em compensação, ela já se apresenta com um caráter determinado ao qual todos os seus atos têm de se conformar, e, por isso, quando determinados de maneira mais precisa pelos motivos associados, resultar necessariamente *assim* e não de outro modo.

Esse caminho, como é fácil prever, nos leva a não mais buscar a obra de nossa *liberdade*, como faz a perspectiva comum, em nossas ações particulares, mas em todo o ser e essência (*existentia et essentia*) do próprio homem, os quais têm de ser pensados como sendo um ato livre dele, que apenas para a faculdade cognitiva, ligada ao tempo, ao espaço e à causalidade, se apresenta numa multiplicidade e variedade de ações, que no entanto, justamente devido à unidade original do que nelas se apresenta, têm de portar todas exatamente o mesmo caráter e, por isso, aparecer como estritamente compelidas pela necessidade dos motivos que as produzem a cada vez e as determinam de modo individual. Por conseguinte, o *operari sequitur esse*[182] está estabelecido sem exceção para o mundo da experiência. Cada coisa atua conforme sua constituição, e seu

---

182. O que se faz se segue do que se é. (N.E.)

atuar, que ocorre com base em causas, manifesta essa constituição. Cada ser humano age segundo o que ele é, e a ação consequentemente necessária a cada vez é determinada no caso individual somente pelos motivos. A *liberdade*, que assim não pode ser encontrada no *operari*, *precisa encontrar-se no esse*. Foi um erro fundamental, um ὕστερον πρότερον[183] de todas as épocas, atribuir a necessidade ao *esse* e a liberdade ao *operari*. Pelo contrário, *a liberdade está apenas no esse*, mas dele e dos motivos segue-se com necessidade o *operari*: e *no que fazemos conhecemos o que somos*. Nisso, e não no suposto *libero arbitrio indifferentiae*, repousa a consciência da responsabilidade e a tendência moral da vida. Tudo depende do que alguém *é*: o que ele *faz* resultará disso de modo espontâneo como um corolário necessário. Portanto, não nos engana a consciência da soberania e da originalidade que inegavelmente acompanha todos os nossos atos, apesar de sua dependência dos motivos, consciência graças à qual eles são *nossos* atos: mas o verdadeiro conteúdo dela vai mais longe do que os atos e começa mais acima, pois nosso ser e essência mesmos, dos quais emanam necessariamente todos os atos (por ensejo dos motivos), estão na verdade incluídos nela. Nesse sentido, podemos comparar aquela consciência da soberania e da originalidade, bem como a da responsabilidade, que acompanha nosso agir, a uma

---

183. Hísteron-próteron: colocar antes o que vem depois. (N.E.)

tabuleta indicadora que aponta para um objeto mais distante do que aquele que se encontra situado mais próximo, na mesma direção, e ao qual ela parece apontar.

Numa palavra: o ser humano sempre faz apenas o que quer, e contudo o faz necessariamente. Mas isso depende do fato de ele já *ser* o que quer: pois daquilo que ele *é* segue-se necessariamente tudo o que ele faz a cada ocasião. Se contemplarmos seu agir *objective*, ou seja, de fora, reconheceremos apodicticamente que este, como o atuar de cada ser natural, tem de estar submetido à lei da causalidade em todo o seu rigor: *subjective*[184], em compensação, cada um sente que sempre faz apenas o que *quer*. Mas isso só quer dizer que seu atuar é a expressão pura de sua essência mais própria. Por isso, se pudesse sentir, todo ser natural, mesmo o mais inferior, sentiria o mesmo.

A *liberdade* não foi portanto eliminada por minha exposição, mas apenas deslocada, a saber, do âmbito das ações particulares, onde comprovadamente não pode ser encontrada, para uma região mais elevada, mas não tão facilmente acessível ao nosso conhecimento: quer dizer, ela é transcendental. E esse é também o sentido em que eu gostaria que se compreendesse aquele dito de Malebranche, *La liberté est un mystère*, sob cuja égide o presente ensaio buscou solucionar a tarefa colocada pela Real Sociedade.

---

184. Subjetivamente. (N.T.)

Apêndice que complementa o primeiro capítulo

Em consequência da divisão da liberdade em física, intelectual e moral estabelecida logo no início, ainda tenho, depois que a primeira e a última foram tratadas, de discutir agora a segunda, o que deve acontecer apenas por uma questão de completude e, por isso, de maneira sucinta.

O intelecto, ou a faculdade cognitiva, é o *meio dos motivos*, isto é, o meio pelo qual eles atuam sobre a vontade, que é o verdadeiro âmago do ser humano. Apenas se esse meio dos motivos se encontrar num estado normal, cumprir devidamente suas funções e, assim, apresentar os motivos sem falsificação, tal como se encontram no mundo externo real, para que a vontade faça sua escolha, é que esta pode se decidir segundo sua natureza, quer dizer, segundo o caráter individual do ser humano, ou seja, expressar-se *sem impedimentos* conforme sua essência mais própria: então o ser humano é *intelectualmente livre*, isto é, suas ações são o puro resultado da reação de sua vontade a motivos, que existem para ele no mundo externo como também para todos os demais. Em consequência, elas lhe são então imputáveis moral e também juridicamente.

Essa liberdade intelectual é *suspensa* ou pelo fato de o meio dos motivos, a faculdade cognitiva, ser perturbado de maneira permanente ou apenas passageira, ou pelo fato de circunstâncias externas falsificarem a apreensão dos motivos no caso particular. O primeiro ponto é o caso na loucura, no delírio, no paroxismo e na sonolência; o último, quando ocorre um erro evidente e isento de culpa, por exemplo, quando alguém toma veneno em vez de remédio, ou quando considera que o criado entrando à noite é um ladrão e o mata a tiros etc. Pois em ambos os casos os motivos são falsificados, razão pela qual a vontade não pode se decidir da forma que o faria sob as circunstâncias presentes caso o intelecto lhe transmitisse estas corretamente. Por isso, os crimes cometidos sob tais circunstâncias tampouco são legalmente puníveis. Pois as leis partem do pressuposto correto de que a vontade não é moralmente livre, caso em que não se poderia *dirigi-la*, mas que está submetida à coação por motivos: consequentemente, elas pretendem contrapor motivos contrários mais fortes, nas penas com que ameaçam, a todos os eventuais motivos para crimes, e um código criminal não é outra coisa senão um catálogo de motivos contrários a ações criminosas. Ocorrendo porém que o intelecto, por meio do qual esses motivos contrários deveriam agir, era incapaz de apreendê-los e apresentá-los à vontade, seu efeito era impossível: eles não estavam disponíveis a ela. É como quando se descobre que um dos fios que deveriam mover uma máquina se rompeu. Em tal caso, a culpa passa da vontade ao intelecto: mas este não está submetido a qualquer punição, e as leis, como a moral, têm de lidar apenas com a vontade. Somente ela é o genuíno ser humano: o intelecto é apenas seu órgão, suas antenas voltadas para fora, isto é, o meio do efeito sobre ela através de motivos.

Tais atos tampouco são *moralmente* imputáveis. Pois não são um traço do caráter do ser humano: ou ele fez algo diferente do que julgava fazer, ou foi incapaz de pensar naquilo que o deveria ter impedido de fazê-lo, quer dizer, de admitir os motivos contrários. É como quando se expõe uma substância a ser examinada quimicamente à ação de vários reagentes a fim de verificar com qual tem afinidade mais forte: caso se descubra depois de feito o experimento que um dos reagentes sequer pôde agir devido a um obstáculo casual, o experimento é inválido.

A liberdade intelectual que aqui consideramos inteiramente suspensa pode, além disso, também ser apenas *reduzida*, ou parcialmente suspensa. Isso acontece em especial através do afeto e da embriaguez. O *afeto* é a súbita e violenta excitação da vontade por uma representação que penetra de fora, transforma-se em motivo e tem tamanha vivacidade que obscurece todas as outras representações que poderiam se contrapor como motivos contrários e não as deixa chegar claramente à consciência. Estas últimas, que na maioria das vezes são apenas de natureza abstrata, meros pensamentos – enquanto aquela primeira é algo da intuição, algo presente –, não chegam a disparar, por assim dizer, e assim não têm o que em inglês se chama *fair play*[185]: o ato já aconteceu antes que elas pudessem agir em contrário. É como se num duelo uma das pessoas disparasse antes da voz de comando. Em consequência, também aqui são mais ou menos suspensas, porém sempre em parte, tanto a responsabilidade jurídica quanto a moral, conforme a natureza das circunstâncias. Na Inglaterra, um assassinato cometido em completa precipitação e sem a menor reflexão, em meio à fúria mais violenta e repentinamente suscitada, é chamado de *manslaughter* e punido de maneira leve, às vezes nem isso. – A *embriaguez* é um estado que predispõe a afetos ao aumentar a vivacidade das representações da intuição, enfraquecer, ao contrário, o pensamento *in abstracto* e, nisso, ainda intensificar a energia da vontade. No lugar da responsabilidade pelos atos, entra aqui a responsabilidade pela própria embriaguez: por isso ela não é juridicamente desculpada, embora nesse caso a liberdade intelectual esteja em parte suspensa.

Aristóteles já fala dessa liberdade intelectual, το ἑκούσιον καὶ ἀκούσιον κατὰ διάνοιαν[186], na *Ética a Eudemo*, II, capítulos 7 e 9, embora de modo

---

185. Jogo limpo. (N.E.)

186. O voluntário e involuntário em relação ao pensamento. (N.T.)

bastante sucinto e insuficiente, e de maneira um pouco mais pormenorizada na *Ética a Nicômaco*, III, capítulo 2. – É ela que se tem em vista quando a *medicina forensis* e a justiça criminal perguntam se um criminoso estava em estado de liberdade e, consequentemente, era imputável.

Em geral, portanto, deve-se considerar como cometidos sob ausência da liberdade intelectual todos os crimes em que o ser humano ou não sabia o que fazia, ou simplesmente não era capaz de refletir sobre o que o deveria impedir de cometê-los, a saber, as consequências do ato. Por conseguinte, não cabe puni-lo em tais casos.

Aqueles que acreditam, ao contrário, que nenhum criminoso deveria ser punido já devido à inexistência da liberdade *moral* e à inevitabilidade, daí derivada, de todas as ações de um dado ser humano, partem da falsa opinião de que a punição é um castigo pelos crimes em razão de si mesmos, uma paga do mal com o mal motivada por razões morais. Porém, ainda que Kant tenha ensinado isso, tal seria absurdo, inútil e inteiramente injustificado. Pois como é que um ser humano estaria autorizado a arvorar-se em juiz absoluto do outro no aspecto moral e, como tal, atormentá-lo por seus pecados? A lei, isto é, a ameaça de punição, tem antes o fim de ser o motivo contrário aos crimes ainda não cometidos. Se não tiver esse efeito no caso particular, ela precisa ser aplicada, pois, de outro modo, também deixaria de tê-lo em todos os casos futuros. O criminoso, por sua parte, na verdade sofre a punição nesse caso em consequência de sua constituição moral, que, associada às circunstâncias, que foram os motivos, e a seu intelecto, que o iludiu com a esperança de escapar da punição, produziu o ato de maneira inevitável. Nisso apenas lhe poderia suceder uma injustiça caso seu caráter moral não fosse sua própria obra, seu ato inteligível, e sim a obra de outro. Ocorre a mesma relação do ato com sua consequência quando as consequências de seu agir vicioso não sobrevêm segundo leis humanas, e sim segundo leis da natureza; por exemplo, quando excessos libertinos provocam doenças terríveis, ou também quando ele é por acaso vítima de um desastre ao tentar um arrombamento; por exemplo, quando na pocilga que arromba à noite para levar seu habitual ocupante ele encontra, em vez disso, um urso – cujo domador deu entrada nessa estalagem à tardinha –, que vem ao seu encontro de braços abertos.

lepmeditores
www.lpm.com.br
o site que conta tudo

IMPRESSÃO:

PALLOTTI
GRÁFICA

Santa Maria - RS | Fone: (55) 3220.4500
www.graficapallotti.com.br